Gamificación en la Empresa

Lo que los videojuegos nos enseñan sobre gestionar personas

Juan J. F. Valera Mariscal

Twitter: @ValeraMariscal

¡Bien!

Ganaste tu primera Medalla

Te puedes descargar la aplicación para Android del blog **Humana Mente Posible**.

Usa el lector de códigos QR de tu **smartphone** o **tablet** para escanear los códigos que encontrarás a lo largo del libro

Si no tienes lector de códigos QR puedes usar el enlace:
http://goo.gl/h7gvl0

Edición 2013

© Juan Jesús Fernando Valera Mariscal
www.valera-mariscal.com
Twitter: @ValeraMariscal
Maquetación: Juan J. F. Valera Mariscal.
Diseño de portada: © Juan J. F Valera Mariscal.

A Gloria y Sofía

Agradecimientos:

A mi familia, a mis padres, mis tíos, primos y a todos mis hermanos por jugar conmigo desde pequeño. A mis amigos Raquel, Begoña, Joan, Friederike, Ellenore, Nanne, Corinne, Morgane, Ángel, Javi, Celes, Manolo, Fabri, Antonio, José Luis, Joaquín, Francisco y todos con los que me seguí inventando juegos hasta ya grande.

A Lourdes López y Antonio Alonso por su profesionalidad y por los apoyos en el avance este libro.

A Sergio Cardona, Jesús Berruezo, José María Méndez, Paco Grande, Julio Adell y todo el equipo de Intermanagement por demostrar, desde hace años, el poder de los juegos y la simulación en la formación.

A Eugenio de Andrés, José María Díez y todos los Tatum por jugar formando a cielo abierto.

A Antonio Pamos, Juan Carlos Pérez Espinosa y a Facthum por apostar por la gamificación en la empresa.

A Miguel Ángel Robles, Isabel Sancho, Ángel Escribano, María Alba y todo el equipo Interban Network y de ManagerForum por jugársela conmigo y ayudarme a difundir la gamificación.

A Luís Neira y Susana Lorenzo por facilitarme divulgar la gamificación el mundo de la sanidad.

A Imma Marin y Esther Hierro por ser unas ludáticas, ludófilas y ludófonas tan profesionales trabajando con los juegos.

A Jaume de Juan y Susana Canela, por aportar su experiencia desde Compettia.

Y a todos los pioneros en gamificación en España y en el mundo y especialmente, por haberlos sentido cerca a Sergio Jiménez, Arturo Castelló, Joaquín Pérez, José Carlos Cortizo, Bernardo Crespo, David Martínez, José Ángel Cano, Eliseo Martín, Miguel Martín Monje, Isidro Rodríguez, ... y que los cada día contribuyen a que en gamificación se hable español

Gamifica tu lectura

Como ya has comprobado, con este libro puedes ganar hermosas medallas. Ellas son el certificado de que has ido superando con éxito los diferentes retos que supone leer un libro:

- Abrir la portada
- Superar el índice y lecturas previas.
- Pasar de 5000 palabras leídas...

Con cada medalla obtendrás un **código QR** con el que tendrás acceso a otros recursos interesantes para seguir aprendiendo: vídeos, recursos, apps, .

Para leer el libro deberás superar 10 niveles que estarán indicados por una gráfica como esta:

Cada vez que superas un nivel, se desbloqueará un caso de gamificación que puede inspirarte sobre como las empresas la están aplicando.

Te proponemos otra utilidad para hacerlo aún más interesante.

¡Mide tu tiempo!

Usa el lector de códigos QR de tu smartphone o tablet

Entra en: **http://goo.gl/xk8Q7V**

Puedes cronometrar la lectura de todo el libro o por niveles, ya que puedes parar e iniciar el cronómetro las veces que quieras. En cada intervalo temporal puedes anotar en un campo de texto, que tarea has cronometrado. Muy fácil.

Comparte: Si tienes cuenta en Twitter a lo largo del libro encontrarás pistas para compartir tu éxito.

Si tienes cuenta en Linkedin: al final podrás compartir los resultados en el grupo: *Gamificación en Recursos Humanos*. Busca al final del libro.

Índice

	Pag.
Prólogo	15
Propósito	19
Jugar	21
Lecturas preliminares	25
Nivel 1. La gamificación en la empresa ´!Qué comiencen los juegos¡	33
Bloqueado: Caso 1	55
Nivel 2. Esfuerzo y diversión. Juego y trabajo.	57
Bloqueado: Caso 2	63
Nivel 3 Gamificación en la empresa: competición o colaboración.	65
Bloqueado: Caso 3	75
Nivel 4 Personas o personajes.	77
Bloqueado: Caso 4	95
Nivel 5 Game-leader, liderazgo clave en gamificación interna.	97
Bloqueado: Caso 5	105
Nivel 6 Gamificación, vinculación y motivación.	107
Bloqueado: Caso 6	127

Nivel 7 Fluir, gamificación y felicidad en el trabajo. ... 129

    Bloqueado: Caso 7 ... 137

Nivel 8 Feedback, sentido y autonomía. ... 139

    Bloqueado: Caso 8 ... 149

Nivel 9 Gamificación y psicología. ... 151

    Bloqueado: Caso 9 ... 167

Nivel 10. Gamificando. ... 171

    Bloqueado: Caso 10 ... 199

Recomendaciones bibliográficas ... 203

Prólogo

La gamificación es uno de esos términos que se ha colado rápidamente en nuestras vidas en los últimos tiempos por la gran cantidad de expectativas que genera, pero también genera bastante desconcierto por la gran cantidad de personas que están hablando de este concepto de forma tangencial y sin ser capaces de profundizar en los conceptos clave y ponerlos en valor. En la gamificación confluyen distintas disciplinas, como la psicología, experiencia de usuario, analítica de resultados, etc. pero muchas veces se simplifica demasiado y se dejan de lado la mayoría de los conceptos básicos de estas disciplinas y se habla de la gamificación como un juego demasiado simple y basto.

Por eso resulta imprescindible que grandes conocedores de la psicología y de las motivaciones de las personas en las empresas, como es Juan J. F. Valera Mariscal, aporten su visión de la gamificación desde una perspectiva profesional, con conocimiento de causa, y ligando el concepto de la gamificación tanto a la psicología de nuestros usuarios o empleados, como a los objetivos de los negocios.

En "Gamificación en la Empresa: Lo que los videojuegos nos enseñan sobre gestionar personas", Juan J. F. Valera Mariscal hace un brillante ejercicio de análisis de las posibilidades (y ya en muchos casos realidades) de aplicación de la gamificación en ámbitos laborales, tanto como motor para aumentar la productividad como para ayudar al desarrollo de habilidades importantes como el liderazgo o la autonomía.

Lo mejor del libro, sin duda alguna, es su enfoque totalmente práctico, analizando casos de éxito relacionados con los distintos conceptos clave que se cubren en su lectura, así como un enfoque muy dirigido a la aplicación de la gamificación en el entorno laboral, de forma que su lectura aporta mucho más valor que otros escritos sobre la materia con una perspectiva más académica o inspiracional y alejados del día a día y necesidades reales de las empresas.

Para mí, que llevo 5 años analizando esta tendencia y probando distintas técnicas de gamificación en el ámbito laboral y del comercio electrónico, la lectura de este libro me ha permitido explorar nuevas vías de aplicación de la gamificación en la empresa, así como analizar algunas de las técnicas de gamificación desde un punto de vista más cercano a la psicología y las necesidades de nuestros empleados. Por ello, no me cabe duda alguna que "Gamificación en la Empresa" se convertirá en lectura obligada para todos aquellos interesados en el valor real de la gamificación aplicado al entorno laboral, ya bien sea desde una perspectiva orientada al aumento de productividad, como desde otros ángulos vitales para las empresas, como el aumento de la motivación entre los trabajadores o la retención de talento.

Ahora, como lector, es tu turno de aprender de la experiencia de Juan J. F. Valera, y "jugar" con este libro para ser capaz de desbloquear las habilidades necesarias para aplicar la gamificación en tu día a día. ¡Game on!

José Carlos Cortizo Pérez

Co-fundador y Director de Marketing de BrainSINS

Profesor en **ICEMD/ESIC.**

Propósito del libro

La finalidad del libro es difundir la gamificación, concretamente la gamificación interna, es decir, aplicada al contexto del interior de las organizaciones: empresas, ONG's, organismos públicos,...

Para ello, ofrezco tanto información recopilada durante más de un año en diversas fuentes: libros, cursos, artículos especializados, encuentros de expertos, entrevistas personales, como mi propia visión como consultor de empresas y psicólogo social. Complementariamente he considerado interesante mostrar las ventajas de esta nueva tendencia en gestión y diseño de procesos en las organizaciones con la descripción de algunos casos de éxito.

La intención es dar una visión general y aportar los fundamentos motivacionales y psicológicos que hemos de tener en cuenta. De tal modo, que el lector se quede con unos principios básicos para comenzar, con paso firme, en el profundo y creativo mundo de la gamificación en la empresa.

Espero que se diviertan y se apasionen.

Jugar

El juego es la solución de aprendizaje que la naturaleza ha puesto a disposición de los animales más evolucionados. Pablo Herreros, en **somosprimates.com**, nos escribe:

*Se cree que aproximadamente el 80% de las especies mamíferas juegan, lo cual se ha traducido en una **ventaja adaptativa** en los primates a lo largo de la evolución, ya que somos especialmente propensos a enfrascarnos en actividades de este tipo en cualquier momento y lugar. Esto es así, entre otras razones, porque el juego es un camino muy eficaz hacia el aprendizaje de comportamientos sociales. Explorar el mundo a nuestro alrededor y experimentar con situaciones de la vida real sin peligro, son algunas de sus funciones más valiosas para la supervivencia de los primates."*

Es el momento de observar y aprender de la naturaleza y tomar conciencia de que nuestra condición de primates nos invita a jugar para desarrollarnos. Con estas bases y los resultados que está ofreciendo, la aplicación y el estudio de mecánicas de juego en el mundo de la empresa tiene aún un largo recorrido.

La gamificación, es ya algo más que un *trending topic* del momento y está adquiriendo cada vez más consistencia y expansión. Esto, deberemos tenerlo en cuenta también al trabajar sobre el liderazgo, el desarrollo del talento y la gestión de las empresas.

¡Ánimo!

Lo estás haciendo bien. Aunque no te lo creas,
ya estás comenzando el libro

¡PREMIO!

Usa el lector de códigos QR smartphone o tablet para
ver una entrevista al autor:

Si no tienes lector de códigos QR puedes usar el enlace:
http://goo.gl/gJQ3M8

Lecturas preliminares

Antes de comenzar a leer sobre gamificación te invito a entretenerte con estas tres lecturas:

Una escena familiar

Carlitos de 5 años, tontea sobre un sofá. De espaldas a él, su padre, está concentrado en la lectura de los últimos comentarios deportivos.

El niño, sin que el padre lo perciba, esta comenzando a andar de pié sobre el respaldo del sofá. Pierde el equilibrio, se balancea, y cae resbalando hasta la alfombra sobre un hombro. El niño primero se sorprende, mira, parece que comprende el accidente y tras descolocar el gesto, rompe a llorar. El padre se asusta, se vuelve y acude en su ayuda. Afortunadamente, ninguna lesión, el sofá y la alfombra son blandos, sólo un susto, papá consuela a su hijo.

El día anterior, en el patio del colegio, Carlitos jugaba con sus amigos a la pelota. Un chute de su amigo Nicolás le dio en la cabeza, todos sus amigos y finalmente el mismo comenzaron a reír, antes de esto, un encuentro brusco en la lucha por la pelota hizo que Carlitos, Roberto y Alex cayeran uno sobre otro en el cemento del patio, resultado del recreo, un chichón, un pantalón rasgado, una herida en la rodilla, varios moratones, muchas risas y ningún llanto.

Un experimento

Los psicólogos Stanley Schachter y Jerome Singer, solicitaron la colaboración de estudiantes voluntarios para participar en experimento destinado a analizar los efectos de un nuevo complejo vitamínico.

En realidad, el fármaco era adrenalina que provoca unas reacciones fisiológicas similares a las que acompañan a algunas emociones: temblor, sudoración, aumento de la tasa cardíaca, etc. Seguidamente, se dividió a los participantes en dos grupos: al primero se le informó de las reacciones fisiológicas que produciría la inyección y se le llamó el "grupo informado"; al segundo se le dijo que la inyección no produciría ningún efecto secundario y que para entendernos le llamaron el "grupo no informado".

A cada uno de los dos grupos se dividió a su vez en otros dos subgrupos: a uno de ellos se les exponía en una situación pensada para producir euforia y a otro en una situación que intentaba provocar cólera.

A continuación, se pidió a los sujetos que rellenasen un cuestionario en una sala de espera hasta que la inyección hiciera efecto. En la sala se encontraba un cómplice del investigador que fingía experimentar una emoción: euforia o cólera según el grupo correspondiente.

En la situación de euforia, el sujeto se encontraba en la sala de espera con un cómplice del investigador que se entretenía haciendo aviones de papel y haciéndolos volar y que jugaba al baloncesto lanzando papeles arrugados a la papelera mientras invitaba al sujeto a jugar con él. En la situación de cólera, un cómplice del experimentador que se encontraba en la sala fingía enfadarse, rompía el cuestionario y se iba de la habitación lanzando insultos y dando un portazo.

Así pues, contamos con cuatro grupos experimentales:
1. un "grupo informado" con situación de euforia,
2. un "grupo informado" con situación de cólera,
3. un "grupo no informado" con situación de euforia,
4. y un "grupo no informado" con situación de cólera.

Los resultados mostraron que los sujetos del "grupo no informado" tendían a mostrar las mismas emociones que el cómplice: jugaban con él en la situación de euforia y se enfadaban en la situación de cólera. En cambio, el grupo informado solía continuar rellenando el cuestionario sin experimentar las emociones del cómplice.

Una novela

(Escena de la novela Tom Sawyer de Mark Twain, en la que Tom pinta la cerca por castigo de su tía Polly. Llega su amigo Ben con una apetitosa manzana)

— ¡Hola, compadre! —le dijo Ben—. Te hacen trabajar, ¿eh?

— ¡Ah!, ¿eres tú, Ben? No te había visto.

— Oye, me voy a nadar. ¿No te gustaría venir? Pero,

claro, te gustará más trabajar. Claro que te gustará.

Tom se le quedó mirando un instante y dijo:

— ¿A qué llamas tú trabajo?

— ¡Qué! ¿No es eso trabajo?

Tom reanudó su blanqueo y le contestó, distraídamente:

— Bueno; puede ser que lo sea y puede que no. Lo único que sé es que le gusta a Tom Sawyer.

— ¡Vamos! ¿Me vas a hacer creer que a ti te gusta?

La brocha continuó moviéndose.

— ¿Gustar? No sé por qué no va a gustarme. ¿Es que le dejan a un chico blanquear una cerca todos los días?

Aquello puso la cosa bajo una nueva luz. Ben dejó de mordisquear la manzana. Tom, movió la brocha, coquetonamente, atrás y adelante; se retiró dos pasos para ver el efecto; añadió un toque allí y otro allá; juzgó otra vez el resultado. Y en tanto Ben no perdía de vista un solo movimiento, cada vez más y más interesado y absorto. Al fin dijo:

— Oye, Tom: déjame encalar un poco.

Tom reflexionó. Estaba a punto de acceder; pero cambió de propósito:

— No, no; eso no podría ser, Ben. Ya ves..., mi tía Polly es muy exigente para esta cerca porque está aquí, en mitad de la calle, ¿sabes? Pero si fuera la cerca trasera no me importaría, ni a ella tampoco. No sabes tú lo que le preocupa esta cerca; hay que hacerlo con la mar de

cuidado; puede ser que no haya un chico entre mil, ni aun entre dos mil que pueda encalarla de la manera que hay que hacerlo.

— ¡Quiá!... ¿Lo dices de veras? Vamos, déjame que pruebe un poco; nada más que una miaja. Si tú fueras yo, te dejaría, Tom.

— De veras que quisiera dejarte, Ben; pero la tía Polly... Mira: Jim también quiso, y ella no le dejó. Sid también quiso, y no lo consintió. ¿Ves por qué no puedo dejarte? ¡Si tú fueras a encargarte de esta cerca y ocurriese algo!...

— Anda..., ya lo haré con cuidado. Déjame probar. Mira, te doy el corazón de la manzana.

— No puede ser. No, Ben; no me lo pidas; tengo miedo...

— ¡Te la doy toda!

Tom le entregó la brocha, con desgano en el semblante y con entusiasmo en el corazón. Y mientras el ex vapor Gran Missouri trabajaba y sudaba al sol, el artista retirado se sentó allí, cerca, en una barrica, a la sombra, balanceando las piernas, se comió la manzana y planeó el degüello de los más inocentes.

Reflexión

El primer caso nos narra una escena sobre el dolor, en el segundo, sobre la excitación nerviosa y en el tercero sobre el trabajo.

Acabamos de analizar tres escenas en las que estímulos en apariencia objetivamente desagradables para la mayoría, han sido percibidos de forma distinta tras algún retoque en los elementos que nos hacen interpretar dichas percepciones: observaciones, sensaciones, relaciones, contexto.

El mérito de Tom Sawyer fue cambiar el enfoque y concentrar la atención de sus "ayudantes" en el factor de interés en la tarea de en lugar de concentrarse en el aspecto de hastío o esfuerzo.

En el experimento de **Schachter y Singer** la reacción de los sujetos fue influida no por sus propias sensaciones, sino por la interpretación que hicieron de estas en función del contexto: del escenario y del comportamiento de los cómplices del investigador.

Carlos en la primera historia, seguramente se hizo mas daño en el patio del colegio que en la caída desde el sofá. Y sin embargo los comportamientos, en realidad no parecían tener una relación directa con la cantidad de dolor.

Como vemos, la experiencia no está ligada a las acciones ni a la sensaciones objetivas sino al modo en que estas son procesadas y esto tiene mucho que ver con el modo en que esté contextualizada la vivencia.

Visto esto, nos gustaría saber si existe en el hombre un interruptor para cambiar el modo en el que percibir la experiencia, según nos interese. Un conmutador para dirigir la atención hacia los aspectos positivos y divertidos del momento. Algo que nos permita pasar de sentir sufrimiento o esfuerzo a sentir diversión y disfrute. Por ejemplo, ¿Podría de esta forma un estudiante cambiar su aburrimiento en disfrute durante las horas de estudio?

¿Qué hace que el esfuerzo sea un tormento en el trabajo y divertido cuando hacemos deporte?

Lo que sabemos, hasta el momento, es que se pueden variar las interpretaciones que hacemos de la realidad cambiando el contexto y el diseño de las situaciones. Una de las formas más naturales y tradicionales para lograr esto es mediante el juego.

En los últimos años el poder de atracción del juego se ha visto de forma masiva a nivel mundial con la expansión de los videojuegos. Más de 1200 millones de usuarios en todo el mundo realizan tareas de todo tipo en sus pantallas: luchan, escalan, componen música, escriben, cuidan granjas,... En la mayoría de los casos son actividades repetitivas y rutinarias y a pesar de eso los jugadores le dedican mucho tiempo.

Con este escenario, surge la gamificación y por esto he decidido contribuir a su difusión con esta obra divulgativa.

Es cierto que la vida en el trabajo está llena de golpes y de esfuerzo, pero no lo es menos que cuando que jugamos, los golpes duelen menos y el esfuerzo es más gratificante.

Esto nos hace reflexionar sobre la capacidad que tiene el ser humano de filtrar la percepción para generar experiencias personales más ricas.

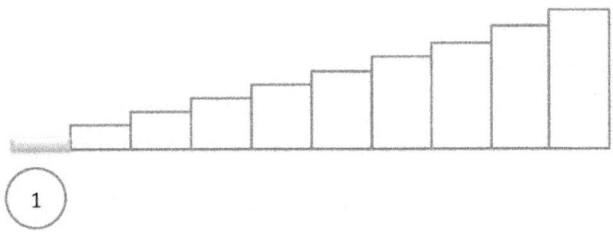

Nivel 1

La Gamificación en la empresa ¡Que comiencen los juegos!

Es en el juego y sólo en el juego que el niño o el adulto como individuos son capaces de ser creativos y de usar el total de su personalidad, y sólo al ser creativo el individuo se descubre a sí mismo.

Donald Winnicott

¿Qué es gamificación?

El término gamificación procede de "Game", juego en inglés, de éste se construye el neologismo "Gamification" y es a partir de aquí que se crea el vocablo gamificación en español. Consiste en el *uso del enfoque y elementos del diseño de los videojuegos en contextos diferentes al juego*.

A la hora de traducir al español, se propone traducir por ludificación, juguetización o jueguización que aplica las mecánicas de jugabilidad a entornos ajenos al juego.

Sin embargo, la tendencia más evidente es hacia el uso del término derivado del inglés, debido su gran expansión en los últimos años. Además, éste, tiene implícito un matiz diferenciador asociado a las nuevas tecnologías presentes en los videojuegos: consolas, software, redes, datos,... En cualquier caso, siempre tendremos los sinónimos para redactar como convenga.

Lo que debe quedar claro es que, gamificación no es crear o usar juegos en cualquier parte, sino de aprender de lo que los juegos nos aportan y tomar de ellos elementos para hacer más atractivas o interesantes las experiencias en procesos, proyectos, etc . Se trata de pensar en la experiencia del usuario, del jugador, en cómo vive ese momento.

Tras esta definición las preguntas que hemos de responder son:

- ¿Cuál es el enfoque del diseño de los videojuegos?
- ¿Cuáles son esos elementos que usan los diseñadores para generar los juegos?

¿Cuál es el enfoque del diseñador de videojuegos?

La respuesta a esta pregunta, sería la misma que para esta otra ¿Cómo piensa un diseñador de videojuegos? Es muy probable que haya tantas formas de pensar como diseñadores. Sin embargo, a la hora de comenzar un juego, un diseñador enfoca el proyecto con un objetivo en mente: cautivar al jugador desde el primer momento.

Es decir, sea lo que sea lo que haga, sea cual sea la forma final del juego, lo importante es que éste deberá atrapar al jugador desde el primer contacto y estará concebido de tal modo que el jugador se mantenga ahí.

Por ello, los diseñadores se concentran en crear una experiencia de juego atractiva, divertida, retadora, comprensible, ... Todo lo que pueda ayudar para que el jugador no se escape y se sienta cómodo en el juego.

Para conseguirlo, la mente de un diseñador de videojuegos ha de ser abierta, creativa y al mismo tiempo, estructurada. Preparada tanto para diseñar un camino lógico que ayude a comprender y contextualizar la experiencia, como para usar el pensamiento creativo, que es menos estructurado, relacionado con lo que se llama el pensamiento lateral.

Deben estar preparados para trabajar con todo el cerebro: tanto el hemisferio derecho, espacial e imaginativo como con el izquierdo, serial y ordenado.

Desde la perspectiva evolutiva, deberá usar el cerebro más nuevo, representado en la corteza cerebral y responsable del pensamiento racional y consciente, pero siempre, atento a los indicios del cerebro más arcaico: con el sistema límbico, donde residen nuestras emociones, los mecanismos automáticos e inconscientes y el cerebro viejo que nos conecta con la experiencia somática, con nuestro corazón, nuestro estómago, con nuestra piel.

Con esta predisposición mental, el diseñador podrá trabajar con eficacia con equipos multidisciplinares. Le será más fácil comunicarse con personas especializadas en disciplinas técnicas (programación, ingeniería, procesos, informática,..) y con profesiones artísticas (diseñadores gráficos, guionistas, músicos,...) Como ya he comentado, deberá ser una mente abierta y pluridisciplinar.

Ambos modos de pensar se usarán en proporción diferente según sea la fase del proceso de diseño. Pensamiento lineal y pensamiento lateral unidos, focalizados en el jugador para crearle una experiencia única y atractiva, que le ligue al juego.

El pensamiento del diseñador es empático, considera la experiencia del jugador, y se interesa por su modo de pensar, de sentir, de vivir y de actuar a lo largo del juego. El jugador es el centro, por ello también está familiarizado con conceptos como usabilidad y experiencia de usuario.

¿Te imaginas un empleo en el que los procedimientos y modos de trabajo estén diseñados con este enfoque en la experiencia del usuario? Supongo que algo cambiaría.

¿Cuáles son los elementos del diseño de videojuegos?

De una forma sencilla, cualquier persona al analizar un video juego ya se dará cuenta de que hay algunos elementos que lo definen como tal. Tiene una reglas, tableros, puntos, retos o tareas que cumplir para conseguirlos,... En realidad son innumerables los elementos que componen un juego, aún así, analizaremos algunos de los más conocidos y su clasificación.

Para comenzar, los elementos más habituales que nos encontramos se agrupan en las siglas PBL por sus denominaciones en inglés:

Points: Puntos

Badgets: Medallas o insignias

Leaderboards: Clasificaciones.

En esta famosa tríada PBL, cada uno tiene su misión y sus ventajas:

> **Los puntos** nos ayudan a hacer un seguimiento de los logros mediante la puntuación y aportan un feedback continuo al jugador. Definen el avance a logros más completos y dan información al sistema sobre el comportamiento del jugador.
>
> **Las medallas** representas logros, nos ayudan a reforzar la idea de metas alcanzadas por el participante, a que se recuerden y se reconozcan. También aportan un estatus a su poseedor. Son coleccionables lo que produce una cierta vinculación con ellas.
>
> Los **tableros de clasificación** orientan sobre la posición relativa del jugador en el grupo de comparación. Monitorizan las mejoras y son un incentivo a medida que se escalan puestos. Para sacarles el mejor partido, se deben configurar en función del grupo de referencia más apropiado.

Aunque el conjunto de elementos PBL son los más usados en una gamificación incipiente tanto por su fama como por su facilidad de uso, no son ni mucho menos, los únicos ni los más potentes.

Una clasificación mas exhaustiva de estos elementos sería la que propone el profesor Kevin Werbach en su Pirámide de los Elementos en la que define tres niveles de elementos: componentes, mecánicas y dinámicas.

Sobre todo esto, incluiría un nuevo elemento que envolvería a todo, la estética, que afecta al factor emocional del juego.

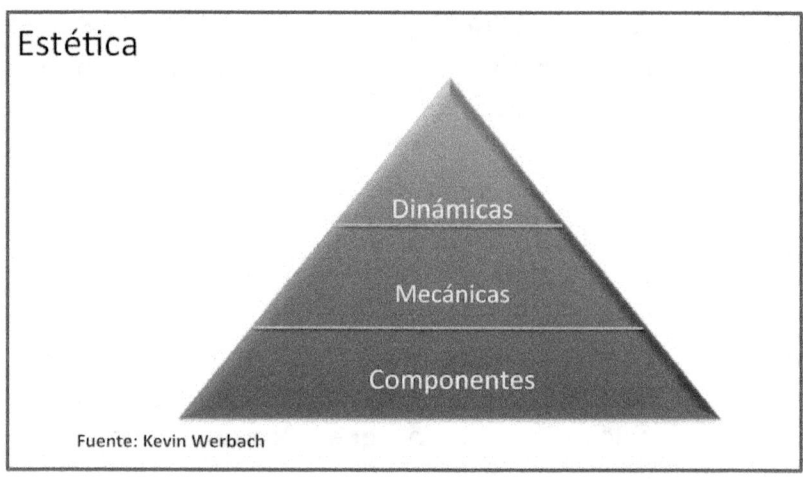

Según este modelo en la cumbre de la pirámide se sitúan las *dinámicas*, los elementos relacionados con la visión general del juego como puede ser la narrativa, que dará sentido a las acciones, las limitaciones en las opciones, el refuerzo emocional, que empujará a los jugadores, la progresión, que orientará su avance en el juego, y las relaciones, que se establecerán con otros jugadores o con el juego.

Veamos estas dinámicas más en detalle:

1. Limitaciones: los jugadores deberán tomar unas decisiones para alcanzar el objetivo. Estas decisiones serán guiadas por unas limitaciones del juego que se pueden manifestar en unas reglas, en el objetivo, en unas acciones limitadas o en el diseño del espacio de juego. Por ejemplo, el ajedrez se jugará en un tablero de 8 por 8 casillas, no será de un número aleatorio de las mismas. En el fútbol, se juega moviendo el balón sólo con los pies. En Pac-Man el propio objetivo nos marca que otra conducta distinta de comer bolitas, no es relevante para el juego.

Si decimos que el juego consiste en una relación entre cazadores y patos estamos delimitando de una forma, pero si ampliamos las opciones podría ser una interacción entre cazadores, patos, ciervos y ecologistas. Estamos dando otra visión general del juego.

Las delimitaciones son útiles para facilitar la toma de decisiones de acción y hacer avanzar en el juego, aportan sencillez o complejidad. En la vida real, lo habitual es que estas opciones no estén tan claras y en muchos casos desorientan. Éste desconcierto produce ansiedad, lo que hace que la persona no encuentre atractivos esos entornos.

2. Emociones: Las emociones alteran la atención, guían las acciones del jugador en el juego. Por ello, desde un principio, el diseñador de juegos tiene en cuenta cuáles serán las que se manifestarán en la experiencia de juego: miedo, ira, serenidad, alegría, tristeza...

Imagina la ansiedad que produce en un juego la inminente llegada de la sombra de nuestro enemigo a nuestras espaldas, o la alegría de llegar al "refugio" antes de nuestro competidor. En función de las emociones que deseamos provocar nuestro juego tendrá diferentes mecánicas y componentes. El tiempo, el sonido y la estética son grandes aliados de este componente emocional.

3. Narrativa: Es lo que da sentido a la experiencia de todo el juego, incluye la forma en que el juego irá mostrando la una historia, los logros, el desarrollo del propio jugador, etc. De tal forma que sea motivador y coherente.

En el ajedrez, el jugador se ve en un contexto de batalla donde delante tiene al enemigo y deberá demostrarle, con sus movimientos, que es más inteligente que él.

En los nuevos videojuegos, la narrativa nos introduce en verdaderas historias épicas donde se nos muestra la perspectiva desde la cual viviremos en el juego, puedes ser héroe o villano, granjero, o pastelero y todo lo que suceda tendrá sentido desde este rol y en este contexto.

Percibir el sentido de nuestras acciones es uno de los principales motivadores del ser humano. Necesitamos comprender que lo que hacemos tiene un fin, un propósito.

4. Progresión: otro elemento importante a la hora de pensar en la globalidad de un juego es *cuál es la evolución en el mismo*. Cuál es el avance, cómo sabrá el jugador que ahora esta más cerca del objetivo que antes, si permanece estancado, o si se aleja de él.

Hay juegos donde la progresión se ve muy clara como en el juego de la Oca, estar en la casilla 10 te sitúa más avanzado que en la casilla 8. Además, vemos como el azar puede adelantarnos o retrasarnos en ese progreso. De ahí la tensión al tirar el dado.

En otros juegos la progresión es más compleja y puede tener distintos finales, diferentes caminos y modos de conseguir los logros. Lo importante de la progresión es que esta esté clara para el diseñador y que pueda ser percibida por el jugador a lo largo de la experiencia de juego.

Como hemos dicho antes, e insistiremos en niveles posteriores, necesitamos comprender que nuestras acciones tienen un fin. Es importante comprender la relación que existe entre cada paso que damos y ese propósito final.

Una de las sensaciones más desmotivadoras y que nos hacen abandonar muchos proyectos en la vida es sentir que lo que hacemos no nos hace avanzar. Necesitamos saber que nuestra conducta afecta al logro de objetivos, que, de algún modo, estamos mejorando, que avanzamos por el camino.

5. Relaciones: El juego puede generar gran variedad de dinámicas sociales: oponentes, aliados, compañeros,... En la definición general del mismo ya aparecen cuáles son las dinámicas de relación mas importantes que se darán: competición, colaboración...

Las dinámicas sociales son importantes motivadores, una evidencia de ello es el gran éxito de los juegos sociales. Fuera del juego en sí mismo, podemos ver su influencia en el inmenso crecimiento y desarrollo de las redes sociales. Es inevitable pensar en el ser humano como lo que es, un animal social.

Siguiendo en la Pirámide de los Elementos, debajo de la visión global aportada por las dinámicas, nos entraríamos con otro importante elemento, las *mecánica*s del juego. En este nivel, se encuentran los elementos que nos mueven a las acciones dentro del juego: retos, desafíos, azar, cooperación, competición, feedback, recursos, recompensas, transacciones, turnos, victorias,... Es un elemento más visible en el funcionamiento final del juego y son el motor de los comportamientos: ganar, aceptar, alcanzar, obtener, conseguir, ganar, avanzar, Para pensar sobre ellas, es útil pensar en los verbos que manifestará el sujeto del juego. Por ejemplo: Si el jugador en el juego lo asocio a los verbos saltar o avanzar, deberé pensar en elementos que provoquen esas acciones: obstáculos, carreras, búsquedas, competiciones, metas,...

En la base de la pirámide tenemos los *componentes*, son los elementos más tangibles, las manifestaciones visibles de las mecánicas y dinámicas y cómo estas se representan en cada juego en particular. Los puntos indican el avance de cada acción hacia un logro. Una insignia es la representación de un logro. En este nivel de la pirámide encontramos: puntos, sellos, emblemas, clasificaciones, avatares, colecciones, luchas de jefes, combates, equipos, gráficas sociales, recursos, ...

En torno a estos elementos podríamos acomodar lo que se puede llamar la estética del juego y que se manifiesta en los tres niveles. Estamos hablando del diseño, la música, los tiempos, los escenarios, etc. Elementos que influyen sobre todo en la percepción y en las emociones.

Con estos elementos, los diseñadores buscan crear entornos de experiencias significativas y estimulantes. Para ello, toman la decisión sobre cuáles van a utilizar, cómo los van a combinar y cuándo deberán suministrarlos.

¿Qué beneficios aporta la gamificación a la gestión de las personas en la empresa?

En la empresa, el potencial es enorme y puede ser aplicado a gestión de las personas en la organización: selección, desarrollo, formación, ventas, gestión del conocimiento, evaluación, colaboración, gestión de cambios, planes de acción, hábitos saludables…

Como hemos visto, se trata de aplicar los mismos principios y mecánicas que se utilizan en los videojuegos, para lograr **el compromiso y la vinculación** de los empleados en diferentes proyectos. Y esto es una tendencia en alza.

Según escribió Jeanne Meister en la revista Forbes, el creciente interés en gamificación se deriva de un deseo de incrementar el nivel de compromiso entre los empleados y, al mismo tiempo, ofrecer más visibilidad, transparencia en el proceso y un sistema de recompensas y reconocimiento en el propio puesto de trabajo.

De acuerdo con un estudio de Gartner presentado el pasado mes de abril de 2012, en 2015, más del 50% de las organizaciones que gestionan los procesos de innovación gamificarán dichos procesos, y más del 70% de las organizaciones de la lista Forbes Global 2000 tendrá al menos una aplicación gamificada.

Por su parte, Brian Burke, analista de Gartner, afirma que los ámbitos de uso serán muy numerosos: innovación, marketing, formación, desempeño del empleado, salud y cambio social.

Como ejemplo, el Departamento de Trabajo y Pensiones del Reino Unido que ha creado un juego sobre innovación, llamado Idea Street (calle de la Idea), para descentralizar la innovación y la generación de ideas entre las 120.000 personas de toda la organización. Idea Street es una plataforma de colaboración social que incorpora mecánicas de juego como puntos, tablas de clasificación y un "índice de popularidad". Dentro de los primeros 18 meses, Idea Street contaba con aproximadamente 4.500 usuarios y ha generado 1.400 ideas, 63 de los cuales han sido aplicadas.

Las oportunidades para las empresas son inmensas: tener clientes más comprometidos, comunidades colaborativas (crowdsourcing), innovación o mejora de rendimiento de los empleados. Gartner identifica cuatro principales medios de para generar el compromiso mediante gamificación:

1. **Retroalimentación rápida**. Habitualmente en la empresa, los ciclos de retroalimentación son lentos (por ejemplo, evaluaciones de desempeño anuales), con

largos períodos de tiempo entre los hitos. La gamificación aumenta la velocidad de los bucles de retroalimentación de modo que mantiene y mejora el compromiso.

2. **Metas y reglas de juego claras**. Estamos acostumbrados a encontrarnos con objetivos difusos y reglas se aplican de forma selectiva, la gamificación ofrece metas claras y reglas de juego bien definidas para asegurar que los jugadores se sientan capaces de alcanzar los objetivos.

3. **Un entorno coherente, un sentido**. Mientras que en el mundo real las actividades rara vez parecen coherentes, y son percibidas como arbitrarias, o en otros casos como reactivas, imprevistas, apagafuegos. La gamificación construye un relato, un entorno que, da sentido e involucra a los jugadores para participar y lograr los objetivos de la actividad.

4. **Desafíos alcanzables**. Aunque no faltan los desafíos en la vida profesional, estos tienden a ser grandes y con resultados muy largo plazo. La gamificación ofrece retos concretos y a corto plazo, con metas alcanzables. Todo esto ayuda a mantener el compromiso.

En las organizaciones, la gamificación aporta una nueva visión en el diseño de los procesos de la empresa. Una perspectiva que se centra en la experiencia del profesional, de la persona, del mismo modo que los diseñadores centran su atención en la experiencia del jugador.

Recordemos el principio del diseño videojuegos que nos indica que debemos crear una experiencia que atraiga por sí misma. Tendremos que conectar con las motivaciones del jugador para que éste se mantenga en el juego. ¿Os imagináis esto aplicado a los procesos de las organizaciones?

Si preguntamos, seguro que la mayoría opinará que es muy probable que se interrumpa el trabajo por un momento del café, y sin embargo, no es tan fácil que interrumpamos un juego. Desde un punto de vista motivacional, al menos debemos mirar con interés lo que los juegos nos pueden enseñar para hacer del trabajo una opción más interesante.

¿Cuál es el reto para la empresa?

Para los empresarios, para los directivos y profesionales de recursos humanos la gamificación implica nuevas ventajas y oportunidades. Pero también genera nuevos desafíos que exigirán estar preparados al menos para dos adaptaciones:

Adaptación Humana:

1. Es importante que si una empresa quiere comenzar a incorporar la gamificación deberá, al menos, conocer los **fundamentos básicos de la gamificación**, para comprender sus objetivos, funcionamiento y principios.

2. Es necesario incorporar nuevos **estilos de liderazgo en positivo**, adecuados al manejo de las relaciones interpersonales de modo que se aproveche al máximo el potencial motivador y

creador de compromiso de la gamificación. Deberemos estar al día en la evaluación de competencias necesarias en estos directivos y proveer del entrenamiento adecuado en comunicación, feedback, trabajo en equipo, motivación, etc.

3. Comprender los **principios psicológicos** básicos subyacentes a la gamificación y que ayudan, por un lado, a explicar su funcionamiento, y por otro, al diseño de nuevas propuestas de la gamificación basadas en estos fundamentos.

Adaptación Técnica:

1. Es necesario que aprendamos a usar de forma más inteligente toda la información (Big Data) que desde hace años nos proveen herramientas de gestión informatizada como son ERP's, cuadros de mando, plataformas de e-learning, sistemas de evaluación,... y que ofrecen datos y métricas que tenemos a disposición de la empresa.

2. Mayor comprensión y utilización de sistemas colaborativos y redes sociales (corporativas o no) y una mayor difusión en la empresa de las ventajas de la conexión digital y las soluciones de movilidad. Gran parte de la gamificación puede afectar o beneficiarse de estos entornos.

3. Una adaptación del procesamiento de estos datos y la integración con las mecánicas de juego. Bien a través de software especializado

para gamificación o bien, mediante complementos o actualizaciones del software existente para incluir las dinámicas y mecánicas de juego.

La gamificación abre un nuevo horizonte y será una nueva fuente de valor para la gestión del factor humano en las organizaciones. Es una tendencia que en los últimos años ha tomado impulso y que sin ninguna duda ha llegado para quedarse y dejar huella.

Gamificación y cultura organizacional

Hemos de poner atención en la cultura de la empresa. La gamificación interna en la organización no es cuestión simplemente de incorporar procedimientos, herramientas y alguna estética especial en la web. ¿De qué serviría gamificar nuestro proceso de ventas, que en el fondo implementa un sistema de motivación transparente, precisa, objetiva y positiva si tenemos una cultura opresiva, arbitraria, controladora con un liderazgo egocéntrico?.

Para una gamificación interna verdaderamente potente se deberá partir de una organización madura, abierta.

Estamos hablando de una organización con una cultura organizacional coherente con las premisas básicas de la gamificación:

Transparencia: esto se traduce en metas claras, comunicación abierta, feedback continuo. Afecta, evidentemente, a las correspondientes políticas y herramientas de comunicación interna.

Autonomía y poder de decisión: una de las premisas del juego se basa en la voluntad para participar y asumir los retos. Esto en la empresa, implica transmitir un poder de decisión a las personas que las organizaciones deben estar dispuestas a fomentar (empoderamiento o empowerment).

En los últimos años, la tecnología y las nuevas tendencias ya han avanzado mucho en este sentido con conceptos como: management 2.0, organización en red, cooworking... Aún así, vemos muchas empresas, grandes, medianas y pequeñas que, quizá por desconocimiento, por miedo al cambio o a la pérdida de poder, todavía deben avanzar mucho en este sentido.

Desarrollo: el juego en la naturaleza tiene una función primordial en el entrenamiento, en el crecimiento y desarrollo de los que juegan. En esta línea, las organizaciones que apuestan por el desarrollo profesional y personal cuentan con valores que favorecen los efectos positivos de la gamificación interna. En ellas la gestión de recursos humanos, el desarrollo y el talento es un factor estratégico.

Para conocer más sobre cultura en empresa, es importante mencionar al pionero en el estudio de la **cultura organizacional,** Edgar Schein. Él la define como: *"el patrón de premisas básicas que un determinado grupo inventó, descubrió o desarrolló en el proceso de aprender a resolver sus problemas de adaptación externa y de integración interna y que funcionaron suficientemente bien para ser consideradas validas y, por ende, de ser enseñadas a nuevos miembros* *del grupo como la manera correcta de percibir, pensar y sentir en relación a estos problemas* (Schein, 1984)"

Schein determina que la cultura está compuesta por tres niveles:

1. Supuestos Básicos (inconscientes)
2. Valores expuestos
3. Artefactos visibles

La **gamificación** como modelo de diseño de contextos, procesos y experiencias es, **una manifestación de una determinada cultura organizacional** que se muestra en unos elementos conscientes y perceptibles que serían las herramientas y los elementos y dinámicas de juego, pero, tras los que subyacen unos valores y unos supuestos básicos que asumen que el ser humano tiene una tendencia natural, propiciada por el juego, a desarrollarse, a aprender, a cooperar, a competir (contra o con otros y contra o consigo mismo) y a alcanzar resultados positivos para él mismo y para su comunidad.

Adoptar la gamificación con éxito en una organización implica tener en cuenta, y en su caso revisar, su cultura organizacional puesto que afecta a las premisas básicas de la misma y al modo en que sus miembros pensarán, percibirán y sentirán sobre los problemas y cómo a los abordarán.

¡Vas muy bien!

¡Superadas más de 5000 palabras leídas!

Compártelo

Si no tienes lector de códigos QR puedes usar el enlace:

http://goo.gl/2o8RN9

Ponte un café o tu bebida favorita, lee el primer caso desbloqueado y sigamos con el siguiente nivel.

Desbloqueado: Caso 1

Descripción

BBVAGAME es un ejemplo dentro del ámbito del marketing pero que dado su éxito y funcionamiento puede ser inspirador y adaptable a procesos de gamificación internos de cara a estimular el desarrollo y la participación.

El objetivo de BBVAGAME era mejorar la relación entre el banco y sus clientes a través de la red. Un segundo objetivo, era aumentar el conocimiento del uso de la propia banca online así como la cultura financiera de sus usuarios. De este modo incorporaron elementos de juego para reforzar algunas conductas:

- Ver vídeos formativos sobre cómo usar bbva.es y sobre educación financiera.
- Invitar a amigos.
- Aprender funcionalidades de la web.
- Consultar de movimientos.
- Realizar transferencias.
- Realizar contrataciones

Además de este formato inicial, el diseño se continua actualizando y se incorporan otros retos y sorpresas con los que los participantes pueden ganar premios.

Resultados

Fue una apuesta arriesgada vincular la seriedad de un banco con conceptos procedentes de la diversión y de los videojuegos, pero los resultados mostraron que dicha apuesta se ganó con creces.

Con más de 160.000 usuarios hasta el momento, se ha multiplicado por 30 el número de videos vistos (más de 700.000). En el primer año se multiplicó por 15 el número de fans en redes sociales y por 5 la mejora en bases de datos. En cuanto al tiempo medio de visita de la web, aumentó casi el doble.

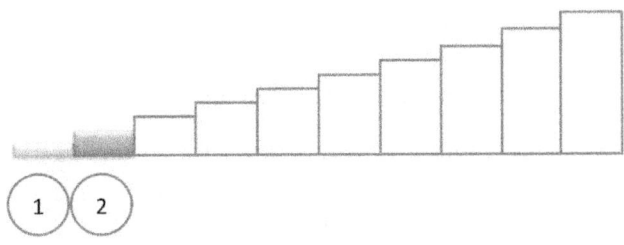

Nivel 2

Esfuerzo y diversión. Juego y trabajo.

Tienes que trabajar duro par avanzar, pero lo haces porque esperas encontrar algo magnífico, interesante.

Kostantin Novoselov

¡Ganarás el pan con el sudor de tu frente! fue el resultado del primer reto que afrontó la humanidad según la cultura cristiana y que como todos sabemos, no superamos.

Desde entonces, la humanidad ya no disfruta de la vida de la misma manera. Ahora, si quieres gozar, primero tienes que ganártelo, y sufrir trabajando, es nuestro destino: sufrir, sacrificarnos, arrastrarnos por este valle de lágrimas.

Pero ¿Es realmente el mundo así? Gabe Zichermann, el experto en gamificación, dice que la línea entre lo aburrido y lo divertido es más difusa de lo que se piensa y que puedes convertir cualquier cosa en aburrido o divertido dependiendo del diseño de la experiencia.

Y en efecto, si comparamos el trabajo con la diversión ¿Dónde esta la diferencia? ¿En el sudor? Conozco a muchos que sudan más jugando al pádel que en el despacho, y sin embargo... Lo divertido está en el pádel.

¿Será en lo monótono? No creo. Un ejemplo, ¿Habéis visto la pasión con la que repetimos movimientos en los videojuegos o en el pingpong?

Así, ni el esfuerzo, ni lo monótono, marcan la diferencia entre lo aburrido y lo divertido y seguramente esta frontera no la delimiten tampoco otros aspectos superficiales.

El problema no está en las tareas, ni las actividades, sino en cómo las vivimos o cómo nos llevan a vivirlas. En definitiva, en el diseño de la experiencia.

Muchos elementos del trabajo y del juego son similares, pero la forma en que los usuarios las perciben es muy diferente. Mario Herger, otro gran experto en gamificación, **compara elementos comunes del juego y del trabajo:**

	Trabajo	Juego
Tareas	Repetitivas, aburridas	Repetitivas, divertidas
Feedback	Una vez al año	Constante
Metas	Contradictoria, vagas	Clara
Pasos para el dominio	Inciertos	Definido, claro

	Trabajo	Juego
Reglas	Inciertas, ocultas, poco claras	claras, transparentes
Información	Demasiada y no suficiente	Cantidad justa en el momento justo
Fallos	prohibidos, castigados, no se habla de ellos	esperados, estimulantes, espectaculares, se jactan de ellos
Estatus de los usuarios	Ocultos	Transparentes, oportunos
Promoción	Adulación, arbitrario	meritocracia
Colaboración	Si	Si
Velocidad/Riesgo	Bajo	Alto
Autonomía	Media baja	alta
Argumento lógico, sentido (Narrativa)	Solo si tienes suerte	Si
Obstáculos	Accidentales	A propósito

Herger expone esta reflexión en estos momentos en los que la gamificación trata de acortar las diferencias aportando pistas sobre cómo hacer la experiencia de trabajo más motivadora, más interesante, más retadora, aprendiendo de las enseñanzas de los videojuegos.

Si, fuimos expulsados del paraíso, fue el demonio el que disfrazado de jefe, perdón, de serpiente, se arrastró para que centráramos nuestra atención en lo no disponible, en lugar de en todo lo que podíamos disfrutar. En lo que no poseíamos, en lugar de lo que poseíamos. En la motivación extrínseca, en lugar de en la intrínseca. Así consiguió, y consigue, llevarnos por el camino de la amargura, ese es su trabajo.

Sin embargo, esto no es así para todos, hay gente que desafía al castigo divino, insensatos que son capaces de disfrutar del trabajo.

Tenemos experiencias como las de André Geim y Kostantin Novoselov, que a base de jugar los viernes a resolver retos físicos, consiguieron el Premio Nobel de Física en 2010 por su descubrimiento del grafeno.

Éste es sólo un ejemplo, hay mucha gente que disfruta de su trabajo y hay muchas formas de lograrlo, el juego nos da algunas pistas de cómo hacerlo, por que nos dirige la experiencia, nos centra la atención en lo que merece la pena ser vivido.

Desbloqueado: Caso 2

Descripción

LiveOps es una empresa que ofrece servicios externos de contact center a empresas. La comunidad de la empresa tiene más de 30.000 agentes de call center distribuidos por todo el mundo que trabajan independientemente desde su casa. Esta distribución geográfica favorece la escalabilidad y reduce gastos generales pero supone un verdadero reto cuando se trata de gestionar la formación y entrenamiento de estas personas y la estandarización de procedimientos y buenas prácticas.

A través de una plataforma de gamificación basada en la solución Nitro de Bunchball LiveOps consiguió formar, incentivar y hacer crecer su fuerza de trabajo con notable eficacia.

Esta comunidad presentó misiones para la gente relacionadas con las habilidades y la cantidad de tiempo que tarda en completar una llamada, así como la formación y la satisfacción del cliente.

Todo esto funciona con un sistema de incentivos simples: Las personas con más puntos reciben más trabajo, y por lo tanto la posibilidad de ganar más dinero.

Resultados

La participación en la plataforma gamificada es voluntaria y se encontró con una tasa de participación del 80% en la primera semana.

Y estos adoptantes se encontró que han superado los no usuarios en un 23%, con una tasa de 9% por encima del promedio de la satisfacción del cliente.

Los datos demostraron que entre los participantes en el sistema gamificado se redujo la formación de un promedio de cuatro semanas, a 14 horas. Eso es más tres semana y media de ganancia en semanas de productividad del trabajo.

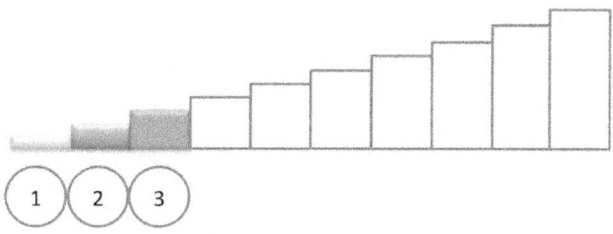

Nivel 3

Gamificación en la empresa: Competición o Colaboración.

Afirmar que mi destino no está ligado al tuyo es como decir: "Tu lado del bote se está hundiendo".

Hugh Downs

Como hemos ya comentado, la gamificación aplicada a la empresa puede tener diversos fines: aumentar el compromiso de las personas, agilizar el cambio, reforzar la motivación y mejorar la productividad.

Para ello suele pensarse en diseños competitivos como vía de estímulo. Fácilmente pensamos en juegos que consisten en generar un conflicto entre los jugadores y cuantificar los datos para premiar al ganador. Son competiciones de unos contra otros por llegar a los resultados óptimos.

El espíritu competitivo nos lleva a esforzarnos por ganar y esto se manifiesta en una mayor constancia en la mejora de las habilidades necesarias para juego, hace que nos entrenemos con más ganas. Pero además, ese esfuerzo de preparación y la propia competición lleva a que en el juego pongamos todo el empeño en dar el máximo. Esto, para una organización es un sueño

Competir tiene sus ventajas, y por ello existen tantos juegos competitivos: tenis, carreras, ajedrez, juegos de guerra, Olimpiadas… Sin embargo, hay algunos riesgos: en el juego competitivo, los otros se convierten en adversarios y esto puede afectar a las relaciones. Por otro lado, no todo el mundo valora la competencia de igual modo.

Hay organizaciones que piensan que fomentar la competición entre los empleados es el mejor camino para mejorar el rendimiento.

Esto puede ser útil en casos concretos. Pongamos por ejemplo una cosecha, tenemos un terreno cultivado y unas personas para recolectar, si se fomenta la competición para ver quién es la persona que más recoge, y estos aceptan el reto, seguramente esto influirá en la rapidez con la que se recogen los frutos.

Una campaña de un nuevo producto o la implantación de un nuevo sistema se puede estimular con un cierto espíritu competitivo, siempre que cuente con aceptación por los participantes, un código ético y reglas acordadas que asegure una percepción de equidad o de justicia en la medición de resultados. La competición se debe aplicar con precaución, ya que si no se diseña con corrección puede afectar a las relaciones y al espíritu de equipo.

Un caso especial es el proceso de selección, ya que de por sí tiene un componente competitivo, en donde los ganadores son los que se quedan y los que pierden son eliminados del juego, de momento.

Como dije antes, hay organizaciones o directivos que fomentan la competitividad de una forma consciente pensando en lograr mejores resultados. Sin embargo, se han encontrado con efectos no deseables como: equipos quemados, abandonos, boicoteos, trampas, manipulaciones.

Si fuera una medicina, podríamos decir que la competición tiene muchas contraindicaciones así que debe ser administrada con la supervisión de un especialista y respetando las dosis.

En las organizaciones lo lógico es intentar fomentar que los participantes se mantengan en el juego. La pregunta es ¿Qué pasa con los que pierden? Y la respuesta, que depende del diseño.

A la hora gamificar usando la competición, tenemos varias opciones para estimular también a los jugadores que se quedan atrás.

- **Ajustar las puntuaciones extremas** por arriba, es decir, crear algoritmos para que los que alcancen puntuaciones altas tengan más dificultades de puntuar alto que los menos favorecidos.
- **Sistemas de entrenamiento** (aprendizaje, tutoriales, mentores...) para estimular la mejora de los de abajo.

- **Jugar con varias métricas**, o variables de medición de ganancia, de modo que puedes perder en un aspecto y ganar en otro.

- **Distintas categorías** que permitan minimizar las diferencias entre los ganadores y perdedores dentro de cada categoría de competición. Pongamos por caso las ligas de futbol: los equipos compiten en con rivales comparativamente similares de modo que todos tienen posibilidad similar de ganar y ser ganados.

Como sabemos por la experiencia y por las investigaciones de psicología si una persona no se ve con probabilidad de ganar aunque sea de vez en cuando, es muy poco probable de que participe en el juego.

Vemos que, en cualquier caso, desde el diseño hay soluciones para mantener y atraer al jugador. Pero que quede claro, **juego no es sinónimo de competición**, no debemos olvidar que existen otros tipos de juegos: los juegos cooperativos. Por ejemplo en un juego de construcción los niños colaboran para hacer ciudades, puentes, etc.

En una organización también se dan muchas situaciones que exigen la colaboración, por ejemplo: equipos de proyectos, grupos de mejora, investigación e innovación, convivencia… La propia organización tiene un fin común que necesita del aporte de todos. De hecho, si queremos organizaciones inteligentes, sus miembros deben de sentirse parte de un sistema y colaborar entre si.

Si recordamos la teoría de juegos, los juegos competitivos pertenecen al tipo de juegos de sumas a cero. Es decir, si tenemos por ejemplo una apuesta de 10 puntos, el ganador se lleva + 10 y el perdedor se queda con -10. Si sumamos lo obtenido por cada uno el resultado final es cero:

$$A = +10$$
$$B = -10$$
$$A+B=0$$

Pero en esta teoría también se habla de juegos de suma distinta de cero, es decir, que mi ganancia no tiene por que ser igual a tu pérdida. Hay casos en los que ambos podemos perder (resultado menor que 0) o podemos ganar (resultado mayor que 0). Por lo tanto, el resultado de la suma de lo obtenido es diferente a cero.

$$A+B\neq 0$$

En estos juegos, los resultados de un jugador se ven afectados por las decisiones de los otros. De hecho, este tipo de interacciones son habituales entre seres racionales, pues al actuar, tenemos en cuenta las posibles actuaciones de los demás.

En estos juegos de suma distinta de cero, también se puede actuar de forma competitiva, pero, esta no es la mejor solución por que al final, esto lleva a una situación en la que es muy probable que el resultado sea negativo, es decir, perdamos ambos.

$$A+B=-X$$

Suele ser más constructivo adoptar soluciones que fomenten confianza y colaboración para que ambos obtengamos beneficios, de modo que nos aseguremos de que la suma final sea distinta de cero pero positiva. Para esto es necesaria generalmente la colaboración entre la partes y una actitud de ganar-ganar.

$$A+B=+X$$

Por tanto, a pesar de las ventajas de la competición, es importante considerar diseños propios de los juegos cooperativos en los que el beneficio final puede llegar a ser sinérgico, mayor que la suma de los resultados personales.

Existen muchos tipos de juego colaborativo: la comba, juegos de construcción, teatro, grupos de música,... Actualmente la tecnología 2.0 nos aporta gran cantidad de diseños cooperativos: Wikipedia, redes sociales, foros,..., la gente se implica por el disfrute de compartir, debatir, aprender juntos, etc.

Por si fuera poco, diversos estudios muestran como las relaciones sociales nos ofrecen un buen camino para ser más felices. Los juegos colaborativos ayudan en este sentido.

Aún así, no olvidemos que, desde un punto de vista individual, los juegos competitivos tienen sus ventajas, por el reto personal que plantean y el estímulo que pueden aportar para determinado tipo de personas. ¿Tenemos entonces que elegir entre diseños competitivos o colaborativos? No, tenemos muchos ejemplos de diseño combinado, podemos tener un concepto general cooperativo, pero podríamos hacer competitivos ciertos comportamientos colaborativos, como pueden ser los de apoyo a otros participantes: gana quien más colabora, ayuda,… En cualquier caso, la competición en gamificación de procesos internos deberá usarse con gran precisión, seleccionando bien cuándo y cómo.

Hablar de competición, lleva a ganancia unilateral, nos hace pensar en repartir, dividir entre los oponentes. Colaboración nos recuerda la idea de construir, de aumentar entre todos los beneficios. ¿En qué caso crees que ganaríamos más como compañía?

Fuente de la imagen: Amy Jo Kim

¡Bien!

Has leído ya tres niveles es para celebrarlo.

Ya sabes lo que es gamificación y tienes pistas para su aplicación a la empresa.

Vídeo Amy Jo Kim (en Inglés)

Si no tienes lector de códigos QR puedes usar el enlace:

http://goo.gl/caVyE3

Desbloqueado: Caso 3

Descripción

El servicio postal francés, Formaposte en sus procesos de reclutamiento y selección se encontraba con un el alto índice de deserción entre los nuevos contratados. Un cuarto de ellos abandonaban al final del periodo de formación.

Por ello se planteó usar el juego Jeu Facteur Academy (juego academia de carteros) para dejar a los jugadores experimentar una semana de la vida de un cartero. Comenzando desde la vivencia de despertarse temprano por la mañana y prepararse para el día, sentarse en la clase e ir aprendiendo los fundamentos del oficio, y finalmente realizando algo de trabajo postal. El juego abarca todos los aspectos que un nuevo candidato pueda esperar. Es tan detallado que incluye algunos elementos sobre actitud ética, como cepillarse y asearse antes ir a trabajar o ser correcto con superiores y clientes.

Con el juego, la empresa esperaba adecuar las expectativas de los candidatos y en lugar de que tuvieran que pasar por un costoso periodo de entrenamiento. La idea es que les permitiera vivir la experiencia de las rutinas de trabajo a través del juego y así recibir solamente aquellos candidatos verdaderamente motivados.

Resultados

Y los resultados fueron los esperados: El numero de abandonos descendió desde el 25% al 8%. Además los candidatos estaban mejor informados y planteaban mejores preguntas a los formadores.

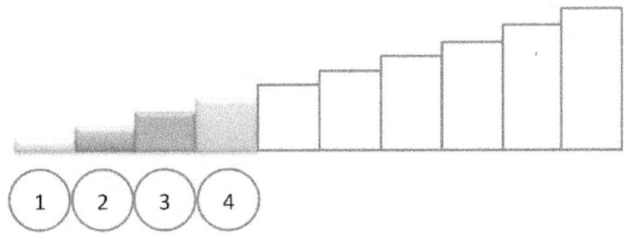

Nivel 4

Personas o personajes.

Los actores no nos metemos en la piel del personaje, sino que metemos el personaje en nosotros.

Imanol Arias, actor

El uso de sistemas gamificados está demostrando un gran crecimiento y excelentes resultados.

Si está bien diseñado, tiene el potencial de transformar el esfuerzo del trabajo en experiencia autotélica (del griego auto: en si misma y telos, finalidad,). Es decir, consigue que la actividad se realice por el disfrute del trabajo en sí mismo.

Al implantarlo en la empresa hemos de considerar en primer lugar a las personas, el diseño de la gamificación debe estar centrado en los participantes. Hemos de tener cuidado y no caer en espejismo de confundir la forma con el fondo:

1. **La forma** son los puntos, las mecánicas y dinámicas de juego, las herramientas, el software,...

2. **El fondo** es el objetivo, el autodesarrollo, la retroalimentación positiva, la motivación intrínseca, innovar. En resumen, la mejora personal y el logro de resultados necesarios y útiles.

A la hora de pensar en adaptar estas soluciones en la organización hay algunos puntos que debemos considerar si queremos asegurarnos el éxito:

Objetivo

Lo primero, como siempre, es definir la necesidad, el fin al que debe servir. Como pasa con muchas tecnologías y modas, hay empresas que desean poseerlo antes de verificar si lo necesitan o para qué. **Según, John Sumser,** Editor de HRExaminer Online Magazine "La mayoría del software está desarrollado en ausencia de un claro estudio de los clientes y sus necesidades". Por ello lo primero es analizar qué áreas de mejora tenemos en la organización y sopesar en cuál de ellas es interesante para aplicar soluciones gamificadas.

Modelo de gestión

Es más probable que tengamos éxito si en la organización ya tenemos implantado un sistema adecuado de gestión de recursos humanos. Disponer de programas de desarrollo del talento, gestión por competencias, sistemas de calidad en gestión de personas, cuadros de mando integrado, sistemas de comunicación interna, servicios de recursos humanos descentralizados y participativos (RRHH 2.0)... facilitará el éxito en la implantación de la gamificación en procesos internos.

Liderazgo

No basta tener un buen sistema, hemos de implicar y preparar a los directivos. La experiencia demuestra el valor los directivos como dinamizadores y gestores del cambio en sus áreas respectivas. Por ello, deberá contarse con ellos, escucharles y apoyarles con entrenamiento adecuado en lo que requieran: habilidades de comunicación y liderazgo, inteligencia emocional, habilidades de coaching,… Una buena disposición y entrenamiento de los mandos, serán útiles para llevar adelante un proyecto tan innovador como la gamificación que, además, requiere de unos estilos y habilidades muy concretas de dirección.

Comunicación

Los participantes deberán estar implicados y aceptar el juego. Se debe comunicar correctamente el proyecto, si se lo encuentran de la noche a la mañana puede ser un desastre. Es muy importante, un plan de comunicación para que se comprendan los beneficios que para cada uno tiene. Hemos de buscar que se impliquen voluntariamente.

Otra práctica, complementaria del plan de comunicación, es ir introduciendo mecánicas de forma secuencial, de modo que los participantes se vayan adaptando, viviendo los beneficios y entrando en el juego.

Personas

Como hemos dicho, las personas deben percibir los beneficios. Deben sentir que existe probabilidad de éxito. El juego debe producir sensación de autoeficacia, de que uno es capaz y, potencialmente, de aumentar las expectativas de éxito.

Es fundamental tener una adecuada gestión del desarrollo del talento. Una de las claves del éxito de los juegos, es su capacidad para hacer fluir, como veremos con más detalle en el nivel 7. Esto implica, una relación correcta entre grados de dificultad y habilidad para la tarea. Los niveles de exigencia del juego tienen que estar relacionados con las capacidades actuales detectadas en las personas. Poco a poco, podremos ir subiendo la complejidad, a medida que sienta que aumenta su pericia. Si medimos mal el primer nivel, y es percibido como demasiado aburrido o estresante, tenemos muchas probabilidades de abandono del juego.

Los niveles, las etapas, deben ser adaptados a los comportamientos, habilidades y competencias actuales de cada persona e ir avanzando progresivamente hasta el nivel deseado. Por ello es importante conocer qué tipo de jugadores son, qué motivaciones tienen. En definitiva, conocer a las personas. Más adelante comentaremos sobre las tipologías de jugadores.

Entrenamiento

Para estimular el avance y la mejora de resultados hemos de contar con herramientas de apoyo, sistemas de ayuda, formación.

En función del grado de complejidad y de las habilidades mínimas necesarias para completar los retos, las personas deberán disponer de medios para entrenar las habilidades que implique el juego. Si, por ejemplo, queremos gamificar un servicio de atención al cliente, es importante que, previamente estén formadas en las habilidades básicas que deberán manejar (gestión de reclamaciones, escucha activa, comunicación asertiva,...) El juego, por su parte, hará que se practiquen, interioricen y dominen estas habilidades. Son importantes además los mensajes de ayuda, o referencias de soporte accesibles que faciliten la actuación y toma de decisiones en el momento.

Diseño

Solamente tras tener en cuenta los aspectos anteriores, habrá llegado el momento de centrarnos en el diseño. En la gamificación en sí: el sistema de puntos, el diseño de niveles, los desafíos, los escenarios... Debemos saber lo que necesitamos para definir qué características deberá tener el juego para que nos sea útil. Una vez que sabemos lo que queremos, ya podremos elegir, bien una solución estándar o un desarrollo a medida. Lo importante será que se adapte a lo que necesitemos, que tenga un buen diseño, que sea útil y que se disfrute. Recuerda si no hay disfrute no hay juego.

Como vemos, se trata de tener unos cuidados básicos para que la gamificación y el cambio sean aceptados e integrados en la organización. Si el juego es percibido como una criba, como otro sistema de control, o como una regla impuesta, puede provocar reacciones contrarias: boicot, desmotivación,...

Con la gamificación tenemos muchas oportunidades de éxito, pero antes debemos preparar, entender y escuchar a la organización. Hemos de contar con los jugadores y su entorno y no confundir a las personas con los personajes. Los personajes no tienen opción forman parte de la narrativa, las personas pueden o no decidir vivir ese personaje, u optar por algo tan simple como "no juego".

Tipología de jugadores:

Si queremos focalizar nuestro diseño en la persona hemos de tener en cuenta que no todos somos iguales. Por otro lado, tampoco podemos hacer un diseño para cada uno. Además tampoco somos todos tan diferentes, si analizamos un poco podríamos hacer categorías o tipologías de personalidad. Desde Gordon Allport (1937) la psicología ha dedicado gran parte de esfuerzo al estudio de los tipos de personalidad.

Por su parte, en cuanto a estudios sobre juego, Roger Caillois en Los juegos y los Hombres (1957) clasificó los juegos por modos de jugar que van desde *Paidia* a *Ludus*. Donde Paidia se refiere a juguetear, a juegos menos estructurados, exploratorios o alocados, relacionados con lo que en inglés sería play y Ludus es un juego más estructurado, organizado y con reglas, más en la línea del vocablo inglés game. A partir de estos modos estableció cuatro clases de juegos según el tipo de experiencia que proporcionan.

Agon	Alea	Mimicri	Ilinx
Competición	Suerte	Simulacro	Vertigo
Ejemplo	Ejemplo	Ejemplo	Ejemplo
Fútbol	Lotería	Jugar la guerra	Trampolín
Ajedrez	Ruleta		Volteretas
Canicas	Dados	A las películas	Columpio
		Al teatro	

En función del tipo de persona habría preferencia por un tipo u otro si bien esta tipología no solamente tendría que ver con personalidad sino también con otros factores como madurez, entrenamiento, etc...

En el mundo del videojuego el pionero diseñador e investigador Richard Bartle nos propuso su célebre tipología de jugadores en los MUDs (juegos en red multi-jugador) teniendo en cuenta sus comportamientos y como les gustaba disfrutar del juego:

- **Triunfadores (Achievers):** Buscan el logro en el contexto del juego.
  Los jugadores se orientan hacia los objetivos relacionados con el juego, y se esfuerzan en alcanzarlos. Esto generalmente significa la acumulación y utilización de grandes cantidades de tesoros de gran valor, o cortar una franja a

través de hordas de monstruos (es decir realizar tareas y acciones integradas en el mundo virtual para alcanzar logros).
- **Exploradores (Explorers):** Les atrae la exploración del juego.
Los jugadores tratan de averiguar todo lo posible sobre el mundo virtual. En un principio esto significa recorrer la topología del juego, después avanza a la experimentación con su física, es decir, una exploración de la profundidad para conocer los efectos y mecánicas del juego.
- **Socializadores (Socialisers):** Buscan socializar con los demás.
Los jugadores pueden usar los sistemas de comunicación del juego, y usar el rol que adoptan en él, como un contexto en el que conversar e interactuar con sus compañeros de juego.
- **Guerreros (Killers):** Se centran en aniquilar o vencer a los demás.
Los jugadores pueden usar las herramientas proporcionadas por el juego para causar angustia o, en raras ocasiones para ayudar, a otros jugadores. Esto suele implicar, cuando el juego lo permite, la adquisición de un arma y aplicarla contra otro jugador en el contexto del juego.

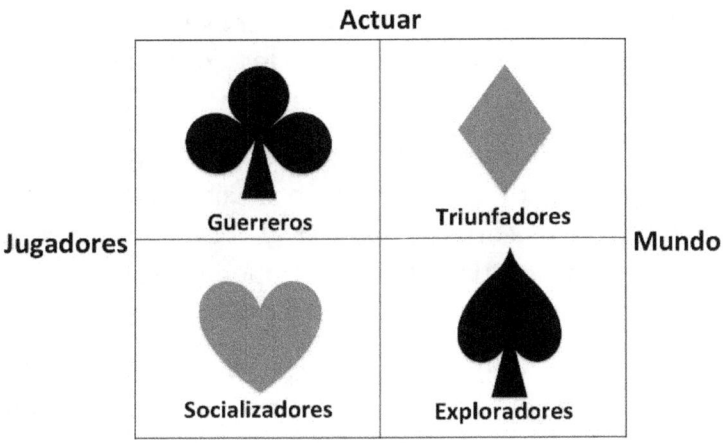

En gamificación esta tipología ha sido rápidamente incorporada, dada su sencillez, su facilidad de comprensión y su validez aparente. Por validez aparente se entiende que al usar una terminología basada en juegos y estar destinada a evaluar sujetos en este ámbito, da la impresión de que efectivamente es una clasificación adecuada, en apariencia.

El propio Bartle reconoce que su enfoque no pretende aportar el rigor de una clasificación en tipos de personalidad similar a los aportados por la psicología científica. Es una clasificación intuitiva basada en su gran experiencia en diseño e investigación de los comportamientos de los jugadores en los MUDs y cuya finalidad es ayudar a comprender qué motivaría a los jugadores de este tipo de entornos, de cara a aportar ideas para mejorar su diseño y desarrollo.

Sobre esto, aunque puede ser un punto de partida, aún queda mucho por investigar para saber si es realmente útil y completa esta descripción de tipos en aplicación a entornos más abiertos como los que aborda la gamificación.

Existen otras clasificaciones de personalidad en psicología y habría que plantearse si existe algún tipo de correlación o correspondencia con esta tipología propuesta por Bartle o incluso si pueden aportar otras informaciones no contempladas por esta.

No pretendo entrar en profundidad en estas clasificaciones, y comprendo que para los no psicólogos la parte final de este nivel, que viene a continuación, pueda parecer compleja. Lo presento forma resumida a modo de ejemplo de la relación entre las clasificaciones aportadas por la psicología y las de los diseñadores de juegos.

En este sentido, un interesante trabajo de relación entre diferentes clasificaciones lo encontramos en el libro 21st Century Game Design de Chris Bateman and Richard Boon donde propone el modelo "Demográfico de Diseño de Juegos" (DGD1) de preferencias de juego y en el que no se limita a los cuatro tipos originales de Bartle sino que lo relaciona también con modelos más conocidos de la psicología como son las tipologías de personalidad de Myers-Briggs, uno de los tests tradicionalmente utilizados en selección y evaluación profesional, y los temperamentos de David Keirsey.

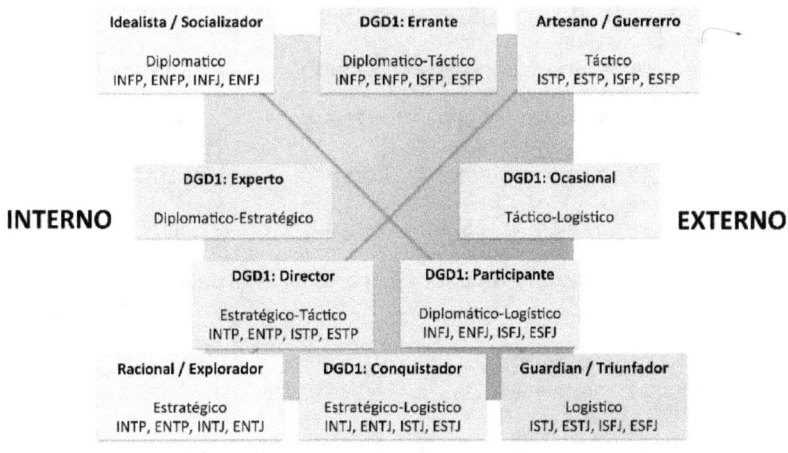

Bart Stewart "Flatfingers" nos hace un excelente resumen gráfico en su blog :

El cuadro integra los tipos de personalidad de Myers-Briggs y los temperamentos de David Keirsey con las tipologías de Bartle y las intercala con la propuesta de Chris Bateman.

Para una mayor comprensión del cuadro recuerdo las tipologías de Myers-Briggs en el siguiente cuadro:

ISTJ	ISFJ	INFJ	INTJ
Inspector	Protector	Consejero	Mente Maestra
ISTP	**ISFP**	**INFP**	**INTP**
Artesano	Compositor	Sanador	Arquitecto
ESTP	**ESFP**	**ENFP**	**ENTP**
Promotor	Actor	Campeón	Inventor
ESTJ	**ESFJ**	**ENFJ**	**ENTJ**
Supervisor	Proveedor	Profesor	Mariscal de Campo

Y los temperamentos de Keirsey serían:

Artesanos son concretos y pragmáticos. Buscan el estímulo y el virtuosismo, ellos se concentran en lograr impacto. Su principal fortaleza son las tácticas. Se destacan por su capacidad para resolver problemas, agilidad, y manipulación de herramientas, instrumentos, y equipos. Sus variantes de rol son:

- Operadores son los Artesanos directivos (proactivos). Su capacidad de operación inteligente más desarrollada es activar. Las dos variantes de rol son la atenta Artesanos (ISTP) y la expresiva Promotores (ESTP).
- Animadores son los Artesanos informativos (reactivos). Su capacidad de operación inteligente más desarrollada es improvisar. Sus dos variantes de rol son la atenta

Compositores (ISFP) y la expresiva Ejecutantes (ESFP).

Guardianes son concretos y cooperadores. Buscan la seguridad y el sentido de pertenencia, ellos están preocupados por la responsabilidad y el deber. Su principal fortaleza es la logística. Se destacan organizando, facilitando, verificando, y prestando soporte. Sus dos variantes de rol son:

- Administradores son los Guardianes directivos (proactivos). Su capacidad de operación inteligente más desarrollada es regular. Sus dos variantes de rol son la atenta Inspector (ISTJ) y el expresivo Supervisor (ESTJ).
- Conservadores son los Guardianes informativos (reactivos). Su capacidad de operación inteligente más desarrollada es dar apoyo. Sus dos variantes de rol son la atenta Protector (ISFJ) y el expresivo Proveedor (ESFJ).

Idealistas son abstractos y cooperativos. Buscan el significado y la significancia, les preocupa el crecimiento personal y encontrar su identidad. Su principal fortaleza es la diplomacia. Se destacan clarificando, individualizando, unificando e inspirando. Sus dos variantes de rol son:

- Mentores son los Idealistas directivos (proactivos). Su capacidad de operación inteligente más desarrollada es desarrollar. Sus dos variantes de rol son la atenta

Consejeros (INFJ) y la expresiva Profesores (ENFJ).
- Mediadores son los Idealistas informativos (reactivos). Su capacidad de operación inteligente más desarrollada es la mediación. Sus dos variantes de rol son la atenta Sanadores (INFP) y la expresiva Campeones (ENFP).

Racionales son abstractos y pragmáticos. Buscan la maestría y autocontrol, les preocupa su propio conocimiento y competencia. Su mayor fortaleza es la estrategia. Se destacan en todo tipo de investigación lógica tal como ingeniería, conceptualizar, teorizar, y coordinar. Sus dos variantes de rol son:

- Coordinadores son los Racionales directivos (proactivos). Su capacidad de operación inteligente más desarrollada es la organización'. Sus dos variantes de rol son la atenta Mentes maestras (INTJ) y la expresiva Comandantes (ENTJ).
- Ingenieros son los Racionales informativos (reactivos). Su capacidad de operación inteligente más desarrollada es la construcción. Las dos variantes de rol son la atenta Arquitecto (INTP) y la expresiva Inventor (ENTP).

Como hemos visto, las clasificaciones de Bartle se pueden relacionar con otras clasificaciones más contrastadas, aportadas desde la psicología de la personalidad, en este caso se ha visto la relación con el MBTI, pero se podría encontrar correlación con otras herramientas que son también usadas habitualmente en la empresa (PAPI, 16 PF, Big Five...)

Por el momento la recomendación es que antes de abordar un proceso de gamificación tengamos en cuenta los diferentes intereses y motivaciones de las personas susceptibles de participar. Tipologías como las de Bartle o los diferentes indicadores psicométricos de actitudes o preferencias, pueden ayudarnos a contar con taxonomías de intereses a la hora de utilizar elementos de juego y diseñar la gamificación de modo que pueda influir en la participación del mayor número de personas y en su mayor implicación.

En cualquier caso, es primordial contar con las personas y analizar cuales son sus motivaciones ¿Qué es aquello que hace que las personas se vinculen con un juego, una idea, un proyecto?.

¡Muy, muy bien!

¡Superadas más de 11.000 palabras leídas!

Compártelo

Si no tienes lector de códigos QR puedes usar el enlace: **http://goo.gl/wDH9E7**

¿Qué tomas? ¿Un agüita o un poleo?

Desbloqueado: Caso 4

Descripción

La toma de decisiones es algo complicado trabajando en un entorno global. La distribución de equipos por todo el planeta con intereses, horarios y contextos diferentes hace casi imposible poder implicar a las personas en un proyecto colaborativo. Mohammad Ali Moradian, Kelly Lyons, y Maaz Nasir, tres científicos de la Universidad de Toronto investigaron como la gamificación puede usarse para incentivar y motivar a las personas a participar y contribuir en actividades de toma de decisiones colaborativas.

Su enfoque fue añadir dinámicas de juego en las herramientas de tomas de decisiones para comprobar si estas pueden mejorar la participación en estos procesos.

Desarrollaron dos herramientas basadas en ThinkLets (brainstorming y fast focus) e integradas en SAP StreamWork, una plataforma social media que facilita la colaboración de grupos en organizaciones globales. A estas les añadieron algunos elementos de juego: puntos, clasificaciones, y logros.

La idea era probar tres hipótesis.

H1: Los usuarios estarán más satisfechos con los resultados de la actividad colaborativa cuando se usan los elementos de gamificación.

H2: Los usuarios estarán más satisfechos con el proceso de la actividad colaborativa cuando se incorporan los elementos de juego.

H3: Los usuarios contribuirán más, con más aportaciones y se vincularán más con la actividad colaborativa cuando se incluyen los elementos de gamificación.

Para probarlas, se dividió a los sujetos en 2 grupos: Un grupo usó la versión gamificada y otro una versión no gamificada.

Compararon los grupos en indicadores como: cantidad de tiempo empleado en la actividad de toma de decisiones, número de ideas presentadas y número de participantes que contribuyeron.

Al final cada participante rellenó una encuesta para medir el grado de satisfacción con el proceso y los resultados

Resultados

Los resultados fueron claros: Los grupos experimentales que usaron gamificación ofrecieron estaban significativamente más comprometidos, aportaron más ideas, y mostraron más satisfacción que los del grupo no gamificado. Algunos datos lo muestran como un incremento de en torno a 25% más participantes que aportaron más de 5 propuestas. Un aumento de entre un 25% y 30 % más en tiempo empleado en la actividad.

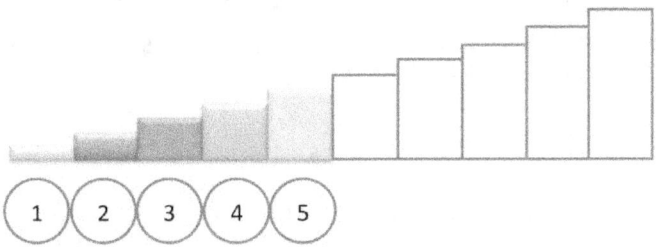

Nivel 5

Game-leader, liderazgo clave en gamificación Interna

Cuando el trabajo de un gran líder concluye, la gente dice: ¡Lo hicimos!

Lao Tsé

Como hemos visto en el anterior capítulo, desde el punto de vista de las personas es vital tener en cuenta a los participantes directos del diseño de la gamificación. Esto es fundamental en gamificación de procesos que atañen a la gestión de personas en la organización: proceso comercial, innovación, recursos humanos, gestión del cambio,...

Pero, además de estos protagonistas directos, existen otros participantes indirectos que muchas veces se pasan por alto y que tienen gran influencia para que el proyecto tenga éxito. Me refiero a los gerentes, jefes de equipo, supervisores o directores en general. El tipo de liderazgo que ejerzan podrá potenciar o desactivar los efectos beneficiosos de un contexto gamificado.

De nada sirve un estupendo sistema de gamificación si los directivos implicados no utilizan el estilo de liderazgo adecuado.

Y ¿qué estilo debe utilizar un directivo para adecuarse a un modelo gamificado de gestión? Basta con analizar algunas características clave de los videojuegos para darnos cuenta de que el tipo de líderes que se busca coincide en muchos aspectos con el modelo de líder positivo que deberían tener en las organizaciones de éxito:

Elementos de Videojuegos	Características del líder Positivo / Game-leader
Voluntariedad	**Persuasión:** Conoce a su equipo y sus aspiraciones y es capaz de implicarlo, de mover voluntades más

	que de imponer.
	Competencias asociadas:
	Sensibilidad interpersonal, comunicación interpersonal asertiva, persuasión
Narrativa	**Visión:** Tiene clara la visión que da sentido a la tarea y al esfuerzo. La transmite y recuerda con frecuencia.
	Competencias asociadas:
	Visión estratégica, liderazgo, comunicación interpersonal
Metas Claras	**Objetivos** claros: tiene un fin en la mente y lo transmite correctamente al equipo.
	Competencias asociadas:
	Visión estratégica, capacidad de análisis, planificación, gestión del tiempo, comunicación interpersonal
Reglas Concretas	**Coherencia:** adopta normas claras y justas que todos comprenden y aceptan
	Competencias asociadas:
	Liderazgo, Trabajo en equipo, comunicación asertiva.
Recompensas	**Reconoce** el esfuerzo: sabe como administrar el reconocimiento a los

	logros y al esfuerzo. **Competencias asociadas:** Sensibilidad interpersonal, inteligencia emocional, habilidades de feedback, motivación
Retos	**Desafía:** plantea retos para desarrollar, estimula para sacar de la zona de confort y así evitar el estancamiento y hacer crecer profesionalmente **Competencias asociadas:** Liderazgo, habilidades de coaching, creatividad.
Retroalimentación	**Orienta:** sabe ofrecer feedback de forma profesional y adecuada, aborda los hechos y respeta a la persona. **Competencias asociadas:** Sensibilidad interpersonal, inteligencia emocional, habilidades de feedback, motivación, habilidades de coaching
Estética	**Cuida las formas:** Es cuidadoso con su propio ejemplo, gestiona la comunicación no verbal, los espacios y los tiempos. Fomenta a una cultura organizacional fuerte.

	Competencias asociadas: Comunicación no verbal, liderazgo por valores-
Reintentos	**Motiva:** apoya ante las dificultades, anima, invita a la acción. Sabe que cada intento es una oportunidad de aprendizaje y de mejora. Se fija en los avances más que en los errores. **Competencias asociadas:** Sensibilidad interpersonal, inteligencia emocional, habilidades de feedback, motivación.
Niveles	**Desarrolla:** Adapta dificultad de tarea a la habilidad (Fluir: Canal de experiencia óptima), estimula. Delega con un proceso planificado y adaptado. **Competencias asociadas:** Desarrollo de equipos, conocimiento del colaborador, habilidades de coaching, planificación y organización, creatividad.

No se trata olvidar las dificultades, los esfuerzos y la responsabilidad del trabajo, sino de **darles sentido y valor**. Esa es la misión del líder y ese el fin de un diseño de gamificación adecuado. Esto es lo que empujará al equipo de forma positiva hacia el trabajo.

En gamificación interna **el líder es clave** para generar una experiencia de trabajo atractiva: que motive, promueva el aprendizaje y el logro de objetivos.

Siempre es muy importante verificar y desarrollar las habilidades de liderazgo si queremos que tenga éxito. Más aún si pretendemos usar la gamificación como vía para conseguir cambios en procesos internos. Deberemos responder a estas preguntas:

¿Cómo sabemos si el nivel de nuestros directivos en estas habilidades y competencias es adecuado?

En consultoría y en la práctica de la gestión de recursos humanos ya existen procedimientos de evaluación de estas competencias y habilidades: cuestionarios, assessment centre, tests psicométricos, entrevistas de competencias,.... Se trata utilizar estos instrumentos de evaluación para conocer no solamente a los participantes en los procesos gamificados sino a sus líderes. A partir de esta evaluación hemos de contrastar el ajuste al perfil deseado de game-leader y establecer un proceso de formación y desarrollo en las competencias que así lo precisen: *liderazgo, coaching, técnicas de feedback, comunicación,...*

Como ya vimos, además esto, es necesario que conozcan los principios básicos de la gamificación y hacerles partícipes en la medida de lo posible del proceso de diseño.

Repito, es importante que comenzamos por las personas y concluyamos en la tecnología y no al revés.

Has llegado al centro

Desbloqueado: Caso 5

Descripción

Siemens creó un juego online llamado Plantville en el que los jugadores se enfrentan al reto de mantener el funcionamiento de una planta industrial mientras tratan de mejorar la productividad, eficiencia, sostenibilidad y sobretodo la salud general en las instalaciones.

Para Siemens Plantville es una forma innovadora, educativa y divertida de vincular con la marca a clientes, empleados, estudiantes y publico en general. Los participantes deben aprender y aplicar soluciones y productos industriales y de infraestructuras de Siemens para mantener su planta.

Adicionalmente Plantville estaba dirigido a estudiantes y licenciados para apoyar al departamento de selección de la compañía con el reclutamiento de candidatos.

Resultados

La respuestas al juego fue espectacular, con más de 20.000 usuarios en 150 países ha inspirado a otras compañías a desarrollar juegos similares.

En términos de los objetivos de reclutamiento de Siemens, el 85 % de los estudiantes después de jugar con Plantville, percibieron el trabajo de ingeniería e industria podría ser algo divertido

La misma encuesta mostró que 92 % de los profesores vieron el juego como beneficioso desde el punto de vista educativo, y el 85 % lo usaría en clase como herramienta de enseñanza. Y cerca de 600 universidades estaban entre los usuarios del juego.

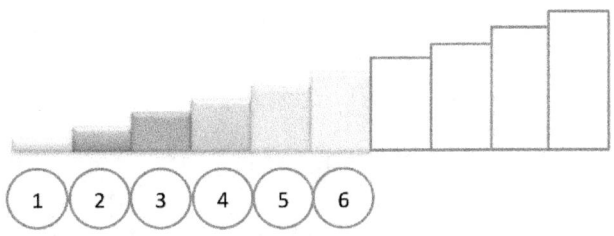

Nivel 6

Gamificación, vinculación y motivación.

> *...Wait, before you close the curtain*
> *There's still another game to play*
> *And life is beautiful that way*

Beautiful That Way - La Vida es Bella - Noa , Gil Dor

Los expertos y divulgadores sobre gamificación de habla hispana utilizan con frecuencia el término "engagement" directamente en inglés quizá abusando del misterio y atractivo que producen los anglicismos. El término puede ser traducido por vinculación, pero también como compromiso y fidelidad.

Gabe Zichermann en "Gamification by Design" nos explica su definición: "El término "Engagement," en casos de negocio, indica la conexión entre el consumidor y un producto o servicio. Del mismo modo, el término es también usado para nombrar el periodo de tiempo en una relación de una pareja romántica durante el cual ellos preparan y planifican el resto de su vida juntos. "Engagement" es el periodo de tiempo en el que tenemos una buena relación o conexión con una persona, lugar, cosa o idea".

No existe un sistema para medir directamente esta vinculación. La medición directa de los datos ofrecidos por la tecnología no es suficiente para informarnos del grado de compromiso real de los usuarios.

Zichermann propone definir la vinculación mediante una combinación de indicadores o métricas potencialmente relacionados entre sí que se combinarían para generar una puntuación del grado de adhesión a nuestras propuestas. Sean estas un producto, un proceso, una idea, etc. Esta puntuación la llama E-Score y las métricas son:

- **Recencia:** es una medida del tiempo transcurrido desde la última manifestación de una persona de su participación en el sistema o del comportamiento buscado. En el caso de un sistema de innovación sería el tiempo pasado desde la última aportación, comentario o propuesta; en un sistema CRM sería el tiempo desde el último registro, consulta, o modificación de clientes.
- **Frecuencia:** entendida como el valor estadístico de manifestación de la conducta. El número de veces que una persona hace una llamada de venta de un producto, que se conecta con un sistema de e-learning o comparte una información en twitter. Como tal estadístico se

puede trabajar con frecuencias por intervalos fijos (conexión x mes) frecuencias acumuladas, relativas, etc. Lo que daría más riqueza a la información. Por ejemplo, si hablamos de e-learning, un aumento de la frecuencia mensual puede ser valorado como un posible crecimiento en el compromiso del sujeto con el aprendizaje.

- **Duración:** De nuevo una medida de tiempo, que hace referencia al tiempo que la persona permanece en el sistema gamificado o realizando una determinada operación. No es lo mismo permanecer conectado un minuto que 10 minutos si nuestro diseño les atrapa este será uno de los indicadores que aumentará.
- **Viralidad:** Sería un tipo especial de frecuencia relacionado con la aparición de comportamientos de difusión de nuestras ideas, contenidos o propuestas. ¿A cuanta gente se lo ha contado?
- **Valoración**: Este sería un valor que nos asignaría el usuario cuando le preguntamos específicamente como nos ve, que es lo que explícitamente nos dice cuando se lo preguntamos. Un ejemplo de esto serían los votos, o los botones de me gusta tan utilizados en Facebook. ¿Qué responden los usuarios cuando les preguntamos sobre nosotros?

El E-Score lo que hace es ofrecer el resultado medir y combinar una serie de indicadores que consideramos en relación directa con el concepto abstracto que llamaremos compromiso, vinculación o si lo preferimos "engagement". En el fondo, es un indicador que mide variaciones en los comportamientos relacionados con la recencia, frecuencia, duración, viralidad, y valoración. Pero en la gamificación tener este dato es un instrumento, una medida de lo que buscamos realmente que es se den las conductas que se espera de una persona comprometida.

Engagement en el fondo habla de motivación.

Como hemos visto, al hablar de "engangement" lo hacemos pensando en que es un factor necesario para que se produzcan las conductas manifiestas que se esperan de esa estrecha relación con nuestra propuesta.

Volviendo al ejemplo de la pareja de jóvenes enamorados, es de esperar que si hay compromiso habrá más:

- Recencia: quiero que pase menos tiempo desde la última vez que nos vimos
- Frecuencia: nos vemos todas las veces que podemos cariño.
- Duración: estamos todo el tiempo juntos.
- Viralidad: le cuento a todos lo que te quiero y lo maravillosa que eres.
- Valoración: hoy te quiero más que ayer y menos que mañana.

El e-Score nos diría si estas respuestas están en el nivel deseado, o si aumentan o disminuyen. Pero, como enamorado, lo que realmente me importa no es la puntuación sino que, cuando te necesite estés conmigo, que me quieras. Lo mas probable es que si tengo un buen e-Score esto ocurrirá así. "Estar contigo" es una conducta un comportamiento directo el e-Score se supone que será capaz de predecir que así será en el futuro.

En relación con un proceso gamificado de ventas tener un buen grado de vinculación nos hará prever que el proceso de ventas tendrá mejores resultados, es decir habrá más visitas a clientes, más productos ofertados, datos estos que se relacionan con la probabilidad de que haya más ventas. Esto son comportamientos que buscamos en nuestros vendedores.

También es cierto que si hablamos de compromiso, nos referimos a un factor más interno, más personal, relacionado con una forma de ver el grado de proximidad en relación con la organización y con sus objetivos. Hablaríamos en términos más profundos que las propias respuestas observables, es decir, de pensamientos, de principios, de valores, de algo intrínseco a la persona y oculto a la vista. En este caso, esta actitud favorable se podría medir ya que se manifestaría en comportamientos como, por ejemplo, en una predisposición a defender posiciones de acuerdo con los valores organizaciones, los servicios o las ideas propuestas (indicadores de viralidad y de valoración).

Cuando mencionamos que la gamificación busca la aparición de comportamientos observables, de lo que estamos hablando, en realidad, es de motivación.

La motivación es aquello que hace que del conocimiento, de la idea o de la actitud se pase a la acción.

La pregunta es ¿Cómo hacemos para que el conocimiento, el pensamiento o la actitud favorable se convierta en comportamiento?

La gamificación debe tener una estructura interna de elementos motivadores de acción. En este sentido ¿Qué nos dice la psicología de la motivación para poder explicar y al mismo tiempo aplicar con acierto estos elementos? Como primera aproximación, en el siguiente cuadro muestro, brevemente, la relación entre 6 de las teorías más relevantes de la motivación y las mecánicas de juego más habituales.

Teorías motivación	Mecánicas de juego
Teoría de la jerarquía de necesidades de Maslow (1954)	La relación de estos niveles con las mecánicas podría ser:
Este autor identificó cinco niveles distintos de necesidades, dispuestos en una estructura piramidal, en las que en la base sitúa las necesidades básicas y hacia arriba las superiores o racionales, en el siguiente orden: fisiológicas o de supervivencia, seguridad, sociales, estima o estatus y autorrealización.	Puntos: se relacionan con la necesidad de autorrealización, muestran la capacidad de llegar a tener logros en el juego. Niveles: funcionan por las necesidades de estima o estatus y autorrealización. Premios: necesidades de estima y autorrealización. Bienes virtuales: Supervivencia,

110

	estima.

Clasificaciones: estima.

Desafíos: Estima y Autorrealización.

Misiones o retos: La primera misión de un juego es seguir en él, motivación básica (supervivencia). Los retos deben ser desafiantes para escalar la pirámide y satisfacer necesidades de estima y autorrealización, de esta forma ser más adictivo.

Regalos: asociadas en principio a la base de la pirámide (supervivencia), tienen también un valor de logro así que se puede asociar con el nivel 4 o de estima o estatus. |
| Teoría del factor dual de Herzberg (Herzberg, Mausner y Snyderman, 1967) comprobó que los factores que motivan, no son los mismos que los | Relacionando esta teoría con la anterior vemos que las mecánicas de juego van asociadas principalmente a los niveles altos de la pirámide de Maslow. |

que desmotivan, por eso divide los factores en: - **Factores Higiénicos**: Son factores externos a la tarea. Su satisfacción elimina la insatisfacción, pero no garantiza una motivación que se traduzca en esfuerzo y energía hacia el logro de resultados. Pero si no se encuentran satisfechos provocan insatisfacción. - **Factores motivadores**: Hacen referencia al trabajo en sí. Son aquellos cuya presencia o ausencia determina el hecho de que los individuos se sientan o no motivados.	Podríamos decir que las mecánicas de juego se relacionan directamente con los factores motivadores de Herzberg. En todo caso, Si se da alguna relación con los factores higiénicos se hace de forma simbólica: premios, bienes virtuales… Por lo tanto, para gamificar fijémonos en los aportes de los factores motivacionales de Herzberg a la hora de usar las mecánicas.
Teoría de McClelland (McClelland, 1989) enfoca su teoría básicamente hacia tres tipos de motivación: **Logro, poder y afiliación.** Las	Las mecánicas podríamos relacionarlas así con estos tipos: Logro: Puntos, niveles, desafíos, misiones o retos.

personas altamente motivadas son aquellas que perciben ciertas metas e incentivos como valiosos para ellos y, a la vez, perciben subjetivamente que la probabilidad de alcanzarlos es alta.	Poder: Clasificaciones, puntos, niveles, bienes virtuales, regalos. Afiliación: Niveles, en cuanto a identidad con el grupo del mismo nivel. Regalos virtuales entre jugadores. Puntos por colaboración o interacción social.
Teoría de las Expectativas. Vroom (Vroom, 1964), completada por Porter-Lawler (Porter y Lawler, 1968) Esta teoría sostiene que los individuos como seres pensantes, tienen creencias y abrigan esperanzas y expectativas respecto a los sucesos futuros de sus vidas.	Las mecánicas más relacionadas serían: Niveles: Los niveles iniciales deben diseñarse de modo que generen expectativa de éxito. Se trata de definir exigencias alcanzables pero con esfuerzo. Misiones o retos: la narrativa, el contexto y las misiones del juego deben generar expectativas de que las consecuencias y las acciones del juego

Fuerza de la motivación = Valor de la recompensa * Probabilidad de logro.	merecerán la pena: será divertido, emocionante, mejoraré,… Puntos, bienes virtuales: según la teoría de las Expectativas, las personas esperan que quienes realicen los mejores trabajos logren las mejores recompensas. Cada consecuencia o resultado tiene para el sujeto un valor determinado denominado valencia. Los puntos y los premios deberán reflejar estas diferencias en las recompensas y mostrar que hay una relación con los esfuerzos esperados.
Teoría de Fijación de metas de Locke (Locke, 1969) Para que la fijación de metas realmente sean útiles deben ser: especificas, difíciles y desafiantes, pero posibles de lograr. Además existe un	Si algo debe caracterizar las mecánicas de juego son precisamente las características que Locke describe en su teoría. Las misiones, la obtención de puntos, el diseño de niveles, … deben ser específicas, desafiantes pero posibles de lograr.

elemento importante el feedback, la persona necesita feedback para poder potenciar al máximo los logros	Al mismo tiempo, lo puntos, niveles, barras de progreso, ofrecen al jugador un feedback constante de las consecuencias de sus acciones y decisiones en el contexto del juego.
La Teoría del Flujo o de la Experiencia Óptima de Mihaly Csikszentmihalyi (Csikszentmihalyi 1975) Para alcanzar un estado de fluir, debe alcanzarse un estado de equilibrio entre el desafío de la tarea y la habilidad de quien la realiza. Si la tarea es demasiado fácil o demasiado difícil, el fluir no podrá presentarse. Esta experiencia del estado de fluir debe cumplir 10 puntos: 1. Objetivos claros 2. Alto grado de concentración	Si analizamos los 10 puntos, se identifican a la perfección con los objetivos de todo juego: generar una experiencia óptima altamente motivadora por sí misma o autotélica. Para ello deberemos tener en cuenta siempre el equilibrio entre la dificultad de la tarea y el crecimiento en habilidad asociado a la práctica y la superación de retos. Además los resultados tienen que ofrecer constantemente información sobre el avance y la mejora hacia el logro de las metas

3. Pérdida de la auto-conciencia 4. Alteración del sentido del tiempo 5. Captación directa e inmediata 6. Equilibrio entre nivel de habilidad y reto 7. Sentido de control sobre la situación o actividad 8. Sentir que la actividad es gratificante. Realimentación positiva 9. Falta de conciencia de las necesidades corporales 10. Absorción en la actividad	concretas. Todas las mecánicas de juego estarán armonizadas para crear esta experiencia óptima.

Uno de los debates más encendidos sobre motivación en gamificación se refiere a la influencia de la motivación intrínseca y extrínseca.

La motivación extrínseca, se define como aquella que es provocada mediante factores externos a la persona: premios, felicitaciones de otros, caricias, dinero, etc.

La motivación intrínseca viene de dentro de la persona, es la que le mueve a la acción por principios, por valores, por un razonamiento propio, por que le gusta la tarea, ... es decir, no necesita ser impulsado desde fuera mediante premios o castigos.

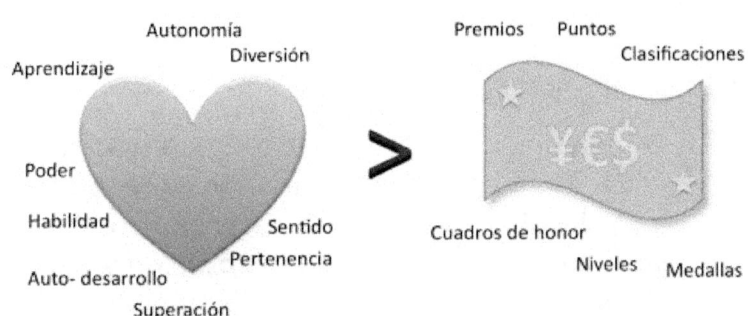

En el diseño en gamificación es importante tener en cuenta ambos tipos de motivación y saber combinar sus efectos.

Quizá en un primer momento, un pequeño premio, un reto y la acumulación de puntos pueda llamar la atención para acercarse al proceso que queramos gamificar: un curso online, la implantación de un software, una campaña de ventas.

El uso de esta motivación desde fuera puede ser un modo de atraer a los jugadores para que comiencen y sigan sus primeros avances.

Sin embargo, si queremos lograr un verdadero compromiso deberemos ir más allá, la motivación extrínseca tiene un límite.

Hemos de hacer vivir la experiencia del proceso desde un enfoque positivo, debemos hacer consciente al participante de sus avances en conocimiento, del incremento de su habilidad, de su propia superación personal.

Hay 3 factores, que ayudan a aumentar la probabilidad de aparición de la automotivación:

1. **Autonomía:** nos motiva tener la sensación de poder gestionar la vida como queremos y sentir que influimos en nuestro destino. Si tu tomas decisiones a favor de un proyecto, y tenías libertad para no haberlo hecho, por carecer de presiones externas, significa que este proyecto merece la pena. Así lo vivimos y eso nos aumenta la vinculación con el.
2. **Sentido:** Las personas necesitan un propósito, cuanto lo tenemos nos lleva a mejorar y poner todo nuestro interés en ello. Muchos experimentos en psicología social nos han demostrado que las personas valoramos más aquello a lo que hemos contribuido. Es decir, deberemos tener un sentido de finalidad, lo que hacemos sirve para algo que consideramos relevante y además nuestras acciones deben de ser percibidas como generadoras de valor. En el fondo nos gusta aportar, poner nuestro grano de arena al proyecto. Así pues, si yo puedo tomar

algunas decisiones y contribuir a un resultado, este será para mi más importante y valioso.
3. **Crecimiento:** nosotros mismos somos un proyecto. Estamos diseñados para apreciar aquello que nos demuestre que crecemos personalmente. Nos gusta sentir que mejoramos. Las personas más motivadas son aquellas que perciben que lo que hacen les ayuda a desarrollarse como seres humanos.

Así, cuando siento que soy el dueño de mi vida, que tengo libertad para elegir, y elijo un propósito que considero relevante y al que comprendo que puedo contribuir y que al mismo tiempo me hace consciente de que crezco como persona, en algún aspecto. En ese momento, la experiencia se vuelve tan atractiva que seguramente la querré repetir.

Justificación o motivación

De todos modos, la distinción entre motivación intrínseca y extrínseca no es tan sencilla. Cuando a una persona se le da un incentivo económico por algo, aparentemente se le está suministrando una motivación extrínseca. Sin embargo, la realidad humana, es más compleja.

En 1959 León Festiger y J. Merrill Carlsmith, realizaron un experimento en el que pidieron a sus estudiantes completar una serie de tareas aburridas, repetitivas y sin sentido. Como ejemplo, en una de ellas tenían que apretar unas filas de tornillos un cuarto de vuelta para posteriormente aflojarlos un cuarto de vuelta.

Al terminar, se les pedía a los participantes que informaran positivamente sobre la tarea a otros estudiantes que estaban en la sala de espera aguardando para participar en la misma. Previamente, habían dividido a los participantes de modo que a un grupo se les ofreció 20 dólares por decir que la tarea era grata e interesante, mientras que a otro grupo se le pagó sólo un dólar por hacer el mismo comentario.

Cuanto terminó el experimento se entrevistó a los participantes sobre lo que habían disfrutado con las tareas que incluía el experimento. Los resultados fueron claros, los que habían recibido 20 dólares por "mentir" reconocieron que la actividad había sido aburrida. Lo sorprendente es que, por el contrario, aquellos que solamente recibieron un dólar, la consideraron como una tarea grata.

La conclusión era clara, aquellas personas que recibieron una justificación externa de su "mentira" percibida como suficiente, no se la llegaron a creer. Sin embargo, los que mintieron sin justificación externa razonable, prefirieron optar por creerse la declaración. Al parecer un dólar no justifica la incomodidad de sentirse mentirosos así que prefirieron cambiar su percepción y recordaron las tareas aburridas como realmente gratas.

Festinger propuso su Teoría de la Disonancia Cognitiva para ayudarnos a comprender este proceso por el cual adaptamos nuestra valoración sobre determinadas experiencias cuando lo que vivimos no es coherente con nuestra propia percepción de nosotros mismos.

Por ejemplo, cuando hacemos algo que no va con "nuestra forma de ser" y no tenemos ninguna justificación externa razonable.

Según esta teoría, la disonancia cognitiva es un estado de tensión que ocurre cuando un individuo sostiene simultáneamente dos pensamientos psicológicamente inconsistentes: por ejemplo, por un lado yo soy una persona buena, coherente, y razonable y por otro estoy haciendo una tarea estúpida. Puesto que dicha tensión es molesta, las personas están motivadas a buscar la forma de reducirla, bien mediante una justificación externa o bien con una modificación interna, cambiando su modo de percibir o analizar la experiencia.

Así pues, si hago algo que es estúpido y que no es compatible con el concepto de mi mismo "no soy estúpido y por lo tanto no hago cosas estúpidas sin razón" y como no tengo un pago razonable por ello u otra causan externa que justifique mi acción, es probable que para reducir la tensión comience a ver que en realidad hay algo de interesante en lo que he hecho.

Hay muchos experimentos relacionados con esta manipulación interna que hacemos sobre nuestras percepciones de la realidad cuando nuestra conciencia cae en la cuenta de que nuestra actuación no parece razonable. Recordemos el experimento mostrado en las lecturas preliminares.

Las personas no somos receptoras pasivas de información. Por ello, lo que para unos puede parecer motivación extrínseca, para otros tiene un fundamento interno, dependiendo de donde hayan encontrado la justificación de su comportamiento

Como nos recuerda el prestigioso psicólogo social Elliot Aronson en su libro El Animal Social, *las personas no somos seres racionales sino racionalizadores.*

Al gamificar, hemos de tener en cuenta no solamente la deducción razonable de las conductas y sus consecuencias, sino ir más allá e intentar que nuestro diseño le muestre pistas para racionalizar y justificar la conducta de una forma adecuada y motivadora.

¡Bien!¡Bien!¡Bien!

Has leído ya seis niveles, todo un campeón.

Ya sabes que hay que pensar en las personas y en cómo dirigirlas y motivarlas.

Vídeo sobre gamificación **en el aprendizaje y la formación**

Si no tienes lector de códigos QR puedes usar el enlace:
http://goo.gl/OZkosQ

Desbloqueado: Caso 6

Descripción

Bluewolf es una firma de consultoría tecnológica que quería que sus empleados participaran en construir y mantener una marca e imagen pública. Para ello les pidieron que participaran en redes sociales y para ayudarles y se construyó el portal #GoingSocial que incluye recursos, consejos, guías y tutoriales en vídeo.

Se aplicó la gamificación para enseñarles cómo utilizar las redes sociales con mayor eficacia y entender como gestionar la reputación online. En el perfil de los empleados en la web se incluyó información sobre su actividad reciente en las redes sociales.

En el programa, se usan puntos para premiar esta actividad social: publicar artículos en un blog, usar twitter... También se pueden ganar premios en función de la popularidad de sus contenidos. Si ganan suficientes puntos, pueden optar a premios como comidas, mejoras en los vuelos y cupones de regalo.

Resultados

En los primeros cuatro meses del programa, el tráfico web desde los canales sociales aumentó 100 %, con un incremento de 20 % en la presencia en redes sociales.

Como se comprobó, la empresa recibió un enorme aumento en el tráfico a su sitio web. Y esto ha beneficiado no sólo a la empresa, sino que los empleados disfrutan más de su trabajo y se sienten motivados para seguir adelante. Convirtieron un trabajo aparentemente aburrido que nadie quería hacer, en algo muy divertido, emocionante y que además tenía recompensa.

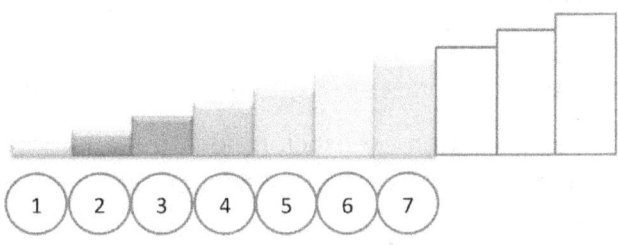

Nivel 7

Fluir, gamificación y felicidad en el trabajo

Cuanto antes nos demos cuenta de que la experiencia de trabajo puede transformarse, más pronto podremos mejorar esta dimensión tan importante de nuestra vida.

(Mihaly Csikszentmihalyi)

Al hablar de gamificación es imprescindible hablar de **flow, flujo, fluir.** Cualquier experto en la creación de videojuegos considerará este estado como referente a la hora de diseñar una experiencia de juego.

El jugador entra en la experiencia de juego de tal forma que se mantiene en él por el puro placer de hacerlo y esta sensación le atrapa de tal forma que ninguna otra cosa parece importarle.

Mihaly Csikszentmihalyi, fue el creador de este concepto y lo define en su obra "Flow. The Psychology of Optimal Experience" (1990) como : *"un estado en el que las personas están tan involucradas en la actividad* *que nada parece importarles, la experiencia es tan placentera que las personas realizan la tarea por el puro motivo de hacerla."*

Las características de esta experiencia óptima son:

1. **Pericia.** Una sensación de que las propias habilidades son adecuadas para enfrentarse a los desafíos.
2. **Reglas.** La actividad está regulada por unas normas precisas.
3. **Feedback.** Existen unas pistas claras para saber que lo estamos haciendo bien.
4. **Concentración.** La concentración es tan intensa que sólo se presta atención a aquello que es relevante para la actividad que se está realizando.
5. **Enajenación.** La conciencia de uno mismo desaparece
6. **Intemporalidad.** Parece que el tiempo se distorsiona.
7. **Experiencia autotélica.** La experiencia es tan agradable que las personas desean realizarla por el placer de hacerla y se preocupan poco por lo que van a obtener de ella.

A lo largo de la historia, la humanidad ha buscado crear actividades que permitan lograr este estado. **El juego, el deporte, el arte, los rituales,** son actividades que fueron diseñadas para hacer más fácil lograr esta experiencia óptima:

- Tienen unas reglas claras.
- Requieren el aprendizaje de habilidades.
- Establecen metas y producen retroalimentación.
- Hacen posible el control.
- Facilitan la concentración e involucración diferenciándose de la realidad cotidiana.

Los estudios de Csikszentmihalyi proponen que *"todas estas actividades de flujo tienen en común que ofrecen una sensación de descubrimiento, un sentimiento creativo que transporta a la persona a una nueva realidad. Empuja a la persona a niveles más altos de rendimiento y la conduce a estados de conciencia que no había experimentado antes. En suma transforma la personalidad haciéndola más compleja. En este crecimiento de la personalidad está la clave de las actividades de flujo."*

Mediante un esquema simple, Csikszentmihalyi representa esta experiencia óptima en un eje de coordenadas en el que de un lado tenemos la **complejidad** de la tarea o grado de desafío, y de otro, las **habilidades** con las que a la persona cuenta para afrontarlo. Si una persona se enfrenta con una habilidad escasa a un reto muy complejo, lo más probable es que esa experiencia sea negativa pues entraría dentro de la **zona de la ansiedad**.

Del lado opuesto, si a esa misma persona se le enfrenta a un reto simple, probablemente, al principio lo encuentre agradable pero, si el nivel de complejidad continua bajo, lo más seguro es que la persona termine queriendo abandonar ya que la sensación será, de nuevo, negativa al pasar en este caso a la **zona del aburrimiento.**

Nos queda un lugar intermedio donde podremos ir avanzando **ajustando el nivel de complejidad a medida que se desarrolla el grado de habilidad**. Esto es algo que hacen con mucha frecuencia en los diseños de videojuegos de éxito. Esta zona mágica donde aumenta la probabilidad de lograr la experiencia optima sería el **canal de flujo o canal de experiencia óptima**.

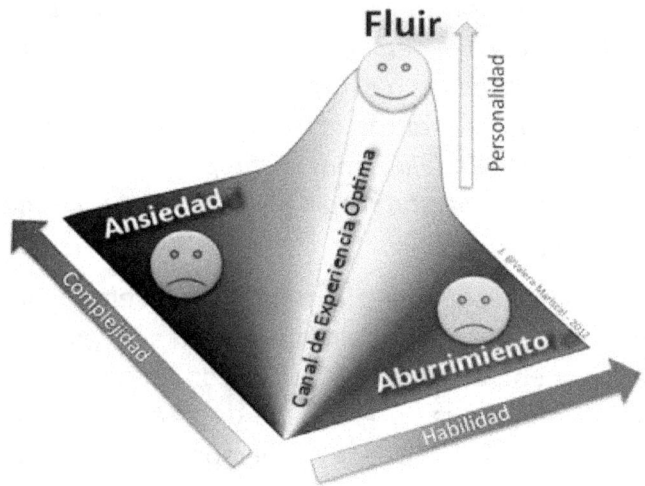

Como cité anteriormente, la clave está en ir logrando en la persona esta sensación de descubrimiento, de **crecimiento de la personalidad**.

El reto de la gamificación está en diseñar procesos de tal modo que las personas entren en este canal de experiencia positiva y se vinculen con la actividad (engagement).

En las situaciones de trabajo, implicaría que **la asignación de tareas complejas debería ir acompañada de un desarrollo de habilidades** para evitar la zona de ansiedad. Por otra parte, se debería aportar un diseño más complejo ante las tareas sencillas para evitar las zonas del aburrimiento. Lo triste es que desde que entramos en la sociedad industrial la experiencia de trabajo se describe principalmente ubicada en las áreas de experiencia negativa.

Esto se tiende a corregir en organizaciones con una gestión de personas que aporta: visión compartida, liderazgo positivo, sistemas de retroalimentación precisos y diseño adecuado de programas de desarrollo.

En la misma obra, Mihaly Csikszentmihalyi, propone **una forma de diseñar las condiciones del trabajo para que sea atractivo por sí mismo** y tenga más posibilidades de generar experiencias óptimas, **el trabajo autotélico**: *"cuando más se parezca el trabajo a un juego – con variedad, con desafíos apropiados y flexibles, metas claras y retroalimentación inmediata – más agradable será."* Como vemos, su visión está tomando forma en estos momentos con el nombre de gamificación.

Lo más interesante de esto, es que la experiencia óptima es lo más parecido a las descripciones de los momentos de felicidad y aquí se está hablando de nada más y nada menos que de ser felices en el trabajo, lo que sería casi tanto como hablar de ser feliz en la vida y a mí me gusta esta idea.

Placer o disfrute.

También en *Fluir*, M. Csikszentmihalyi plantea distinción interesante entre placer y disfrute. Una diferencia de conceptos muy a tener en cuenta a la hora de diseñar un proyecto de gamificación que vincule y al mismo tiempo desarrolle a los participantes.

Según el autor, placer hace referencia al sentimiento de satisfacción cuando cumplimos con los programas establecidos por la biología o por condicionamientos sociales. Por ejemplo, comer es placentero cuando tenemos hambre, ver la televisión pasivamente mientras descansamos también produce placer. Sin embargo, este placer no sentimos que nos aporte nada, que nos haga crecer como personas. Como suele recordar el pensador Javier Fernández Aguado cuando cita a Joubert: "El placer no es sino la felicidad de una parte del cuerpo".

El disfrute por otro lado, se produce cuando vamos más allá de estas expectativas programadas, más allá de cuando se satisface una necesidad o un deseo y descubrimos algo nuevo, a veces inesperado.

Por ejemplo, cualquier persona obtiene placer al comer, sin embargo un experto en cocina disfruta comiendo, descubriendo nuevas sensaciones. Podemos obtener placer escuchando música de ambiente, pero no podremos disfrutarla si no prestamos atención de modo que podamos identificar nuevas escalas, timbres o armonías. Se puede obtener placer pasivamente, sin embargo, disfrutar implica realizar un esfuerzo de concentración, necesita que prestemos atención. El disfrute es por tanto una sentimiento más complejo, Csikszenmihalyi nos dice que "esta complejidad requiere que se invierta *energía psíquica* en metas nuevas que sean relativamente un desafío". Con esta energía psíquica se está refiriendo a la atención consciente.

De niños estamos preparados para disfrutar de todo lo nuevo, de aprender cada día con cada estímulo que aparece en nuestro alrededor. Con el tiempo, muchas personas pierden esta capacidad de disfrutar con la novedad. Se quedan en la búsqueda del placer, más fácil de conseguir pero también más limitado. Para lograr control sobre la calidad en la experiencia, debemos aprender a disfrutar en lo nos sucede día a día.

El juego bien diseñado nos lleva a concentrar nuestra atención en la tarea, en definitiva nos hace disfrutar.

Desbloqueado: Caso 7

Descripción

Deloitte aplico la gamificación en su Deloitte Leadership Academy un innovador programa online para entrenar a sus propios empleados y también a sus clientes. Tiene como usuarios a cerca de 20.000 ejecutivos sénior de más de 150 compañías alrededor del mundo.

Deloitte Leadership Academy comprobó que incluyendo misiones, medallas, y tableros de clasificación, en una plataforma intuitiva y sencilla con contenidos formativos tipo vídeos, cursos en profundidad, pruebas y cuestionarios, aumentaba la probabilidad de que los usuarios se comprometieran con su formación y por tanto participaran más y alcanzaran a completar los programas.

Resultados

Las evidencias mostraron que, en efecto, los participantes pasaban una mayor cantidad de tiempo en el sitio y se incrementaba el número de usuarios que terminaba los programas de formación, adoptando un comportamiento casi adictivo.

Con la integración de la gamificación la Deloitte Leadership Academy, ha habido un incremento del 37 % en el número de usuarios que regresan al sitio cada semana.

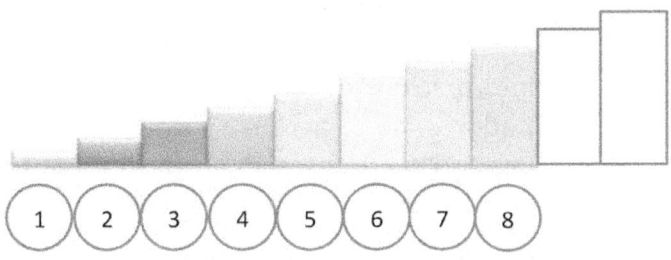

Nivel 8

Feedback, sentido y autonomía.

El genio sólo respira libremente en una atmósfera de libertad.

John Stuart Mill

Si queremos que nuestro diseño genere motivación intrínseca debemos de dar autonomía, sentido, y crecimiento.

Para dar autonomía hemos de dar poder y este en muchos casos está delimitado por la pertinencia y calidad de la información que manejamos. La información es poder, si queremos gamificar, hemos de aportar este a las personas:

- **poder de información:** tener datos e información clara y suficiente sobre las reglas, oportunidades y limitaciones y sobre su avance feedback, orientación y progresión,

- **poder de decisión:** conocer las opciones, libertad de elección, formación e información adecuadas,
- **poder de acción:** entrenamiento, desarrollo progresivo, expectativas de autoeficacia, riesgo controlado.

A partir de la información se guían nuestras decisiones ¿Qué pasa si elijo A o B? ¿Cuáles son las consecuencias?, También, la información nos da el sentido: ¿Para qué lo hacemos?¿Dónde estamos? y ¿Hacia dónde vamos? Y finalmente, nos sirve de referencia sobre cómo crecemos, ¿Cuánto medía antes? ¿Cuánto mido ahora? ¿Qué he ganado?

La respuesta a estas preguntas tienen que ver con dos tipos de feedback imprescindibles en gamificación: **el feedback de actividad y el feedback de progreso.**

El feedback de actividad está relacionado con el efecto que toda acción humana busca provocar. Imaginemos un botón rojo, encima de una mesa, nadie nos ve, ¿Cuántos aguantaríamos la tentación de apretar el atractivo botón a ver qué pasa?

¿Por qué nos gusta explotar los plásticos de burbujas, encestar el papel en la papelera?

Muchos seres vivos están diseñados para reaccionar ante ciertos estímulos relevantes del entorno. La curiosidad no es exclusivamente humana. Nuestra particularidad es que nosotros no paramos de buscar el método de conseguir nuevos efectos, nuevos descubrimientos. Y por eso, nos motiva que nuestros comportamientos tengan un resultado interesante, si es así es muy probable que volvamos a probar y ejecutemos de nuevo el comportamiento que nos llevó a tal efecto.

Podríamos esquematizar este proceso como sigue:

Estimulo – motivación- conducta– efecto – percepción del efecto (feedback)

Si el efecto es interesante entonces el estímulo se vuelve más atractivo y aumenta la probabilidad de que el ciclo suceda de nuevo.

Como vemos este feedback representa un bucle de ciclo corto. Percibimos, actuamos e inmediatamente obtenemos el resultado. Este sistema está destinado a mantener al participante en el juego a corto plazo, les da información inmediata del efecto de su acción, esto le produce una activación positiva y le invita a continuar.

Con el tiempo, este feedback no será efectivo si no se asocia a una información sobre el desarrollo en el juego más a largo plazo. Algo que me informe no solamente de mi actividad en un momento concreto sino también sobre el desarrollo de mi propia pericia en cuanto a las capacidades que se usan para alcanzar los logros en el juego.

No es lo mismo encestar una pelota una vez de cada 10 que 5 de cada 10, o no es lo mismo hacerlo desde un metro que desde 3 metros. A medida que aumenta mi habilidad debe aumentar la complejidad del reto como ya hemos visto por los estudios sobre el fluir.

Esto no siempre se percibe claramente por el participante en una actividad. Por ejemplo, yo puedo estar encestando sin medir la distancia o sin hacer el ratio de aciertos, en ese caso no me daría cuenta del progreso positivo de en mi capacidad. Si no percibo el avance es muy probable que abandone en cuanto me canse. Para evitar esto en el diseño de un juego se debe proveer de algún medio de retroinformación que me indique adecuadamente y de forma clara sobre mi evolución de mejora.

El feedback de progreso cumple esta misión, es longitudinal, determina la información sobre la situación del participante a lo largo del juego. Por ejemplo, como comentamos al principio, en el juego de La Oca, si estoy en la casilla 8 estoy seguro de que voy por delante de un jugador que este en la casilla 3 y que estoy 5 casillas más cerca de la meta. Pero en este caso al ser un juego de azar, no me da mucha información sobre mi mejora como jugador.

Si pensamos en el desarrollo de las categorías de cinturones en las artes marciales, podríamos hablar de un feedback de ciclo corto cuando mencionamos el resultado de un combate, pero además de esto un luchador sabe que evoluciona a través de una escala de colores que va de menor a mayor destreza de este modo no es lo mismo vencer a un luchador de cinturón verde que a uno de cinturón azul, o negro. Vencer a todos los de mi categoría puede llevarme a que no encuentre motivador el luchar cuando sé que ya domino este nivel y la probabilidad de que venza al contrario es muy alta. Pasar al nuevo estadio superior, como es subir de cinturón, estimula el desarrollo, ya que, de nuevo, tengo ante mí contrincantes que verdaderamente son un reto, dadas mis actuales capacidades. Por otro, lado supone para mí un reconocimiento puesto que este aumento de categoría, certifica ahora soy mejor que antes.

En un videojuego, estar en un nivel 4 indica que ya has dejado el primer nivel y que comienzas a estar avanzando hacia un juego más complejo para el que has superado los retos de los 3 niveles anteriores.

El feedback de progreso nos da la información del avance en el proceso del juego. Aunque un juego no tiene por qué ser completamente lineal, si que posee un camino de progreso de la experiencia. Es el camino del jugador que va desde el inicio hasta el final y que implica la superación de los retos anteriores, lo que al mismo tiempo da información al participante sobre su crecimiento en competencia o habilidad.

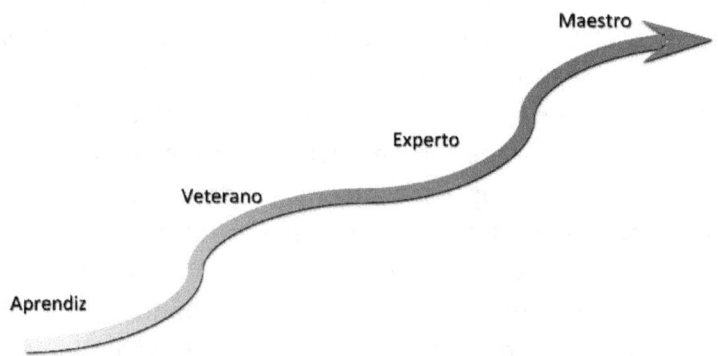

En este proceso habremos de poner especial atención en el principio, fase de "onboarding" o **inicio.** Ya que en este momento se toma la decisión clave de abandonar el juego o continuar. Se debe dar información sobre qué sentido tiene el juego para el jugador, cuáles serán sus expectativas (de éxito, de diversión, de resultados...) y sobre el funcionamiento general del juego. Como nos recuerda You Kai Chou en su blog: La fase de "onboarding" debería dar detalles iniciales del juego como:

- Definir el escenario
- Introducir la narrativa
- Contextualizar las acciones dentro del juego

Pero además, debe generar expectativas de autoeficacia positivas, como el propio You Kai dice: "hacer que la gente se sienta inteligente". Es muy probable que si sientes que el reto es demasiado complejo, abandones el juego. En el trabajo, por ser necesario, aunque algo nos supere hemos de aceptar el reto a pesar de todo, pero en este caso nos caeremos del canal del fluir para entrar en la zona de ansiedad, por lo que veremos la tarea como desagradable o estresante. Si por el contrario, el reto está en el nivel superior de nuestra capacidad y dentro de nuestras expectativas de éxito, es muy probable que nos atrape para demostrar y demostrarnos que podemos.

Usando los ejes fundamentales del Octalysis de You Kai Chou, en esta fase del camino es importante contar especialmente con los 4 primeros:

Eje 1: Sentido épico y llamada a formar parte de un viaje que va más allá de nuestro mundo.

Eje 2: Desarrollo y logros, un sentido de crecimiento hacia una meta y hacia su logro. Al inicio, los puntos, niveles... son un modo rápido de orientar sobre este desarrollo

Eje 3: Estimular la creatividad y el feedback, usando la habilidad resolución creativa de problemas paran superar obstáculos y ampliar oportunidades de explorar

Eje 4: Pertenencia y posesión, sentir que uno es el dueño de su propio destino .

Las preguntas, a la hora de gamificar un proceso distinto a un juego, son:

- Eje 1: ¿Hay un sentido épico en él que me impulse a iniciarlo? Pista: pensemos en el sentido del proceso en la visión de la empresa.
- Eje 2: ¿Cuáles con los primeros logros que debemos reconocer y como sentirá que crece? Pista: empezar y mantenerse tiene premio,... debemos generar expectativas de desarrollo de las propias capacidades.
- Eje 3: ¿Podemos demostrar que confiamos en la creatividad del participante? Pista: confiamos en él, le damos el poder de afrontar un reto, que le dé orgullo y confianza en sí mismo, y poder para continuar.
- Eje 4: ¿Quién es el protagonista de sus decisiones, de su desarrollo y de sus méritos en el proceso? Pista: dejamos hacer, escuchamos sus propuestas, damos poder.

Para guiar en estos primeros pasos es importante cuidar el diseño de las herramientas de apoyo: tutoriales, mentores... Ni sobrecargar con manuales-ladrillo ni abandonar al auto-descubrimiento al azar. Seamos analíticos, creativos y empáticos. Una buena forma es observar y tomar nota de las reacciones y emociones que manifiestan los participantes y ajustar administración y paquetización de estos elementos de apoyo a la necesidad de cada jugador.

Puede ser útil también generar cierto misterio al principio, para atrapar el interés y fomentar la curiosidad (Eje 7 del Octalysis de You Kai Chou)

Tras el diseño del camino de la fase del inicio. Es preciso en el avance del progreso, cuidar bien **la fase intermedia** en la que el juego, o proceso, ya que se puede transformar en rutina y llevar al abandono. Debemos, estimular con nuevos retos, nuevos reconocimientos y nuevas experiencias. La oportunidad de disfrutar, compartir y ser animado socialmente puede ser una idea interesante.

Finalmente en la **fase final** del camino, el participante se convierte en maestro, ya conoce y debe dársele la oportunidad de demostrarlo, de aportar su sabiduría y de abordar retos propios de su rango.

Siguiendo con el modelo de los 8 ejes de You Kai Chou podríamos tener en cuenta los otros 4 ejes:

Eje 5: Influencia social y relaciones, incorpora los elementos sociales: aceptación, mentorización, respuestas sociales, interacción, colaboración y competición y todos los que faciliten las relaciones.

Eje 6: Escasez e impaciencia, es el eje por el que valoramos aquello que no podemos tener, por ser escaso o por lo que tenemos que esperar.

Eje 7: Curiosidad y suspense, nos atrae la investigación, el misterio, la posibilidad de encontrar un tesoro, pero también un susto… siempre que la película termine bien.

Eje 8: Evitación y pérdida, se basa en la tendencia a evitar las consecuencias negativas y la pérdida.

Por tanto, diseñemos el camino y los elementos para aportar el feedback del progreso. En este trayecto cuidemos las fase de **Inicio, intermedio y Dominio**. diseñemos un inicio atractivo, en las fases intermedias evitemos la rutina y sigamos desarrollando, y finalmente demos oportunidad de autorrealización y de transmisión de enseñanzas al maestro.

Desbloqueado: Caso 8

Descripción

Engine Yard, es una empresa líder Plataformas como Servicio (PaaS), ha usado la tecnología de Badgeville para incluir gamificación en su comunidad de servicio al cliente.

Esta integración permitió a la empresa optimizar la organización de ayuda al cliente y generar un alto nivel de compromiso en la comunidad reconociendo y recompensando proactivamente datos provenientes de empleados y clientes.

Engine Yard añadió mecánicas de juego para lograr los siguientes objetivos de negocio:

- Crear la participación y fomentar las contribuciones de la comunidad de apoyo
- Proporcionar información en tiempo real y feedback inmediato.
- Reducir el número de tickets de soporte presentados.
- Aumentar la velocidad de respuesta a los tickets de soporte y correcciones de errores.
- Aumentar las respuestas de la encuesta de satisfacción del cliente.

- Reconocer los miembros de la comunidad que proporcionen las mejores respuestas.
- Recompensar a los clientes que sugieran mejoras en el producto o características que se implementan.

Resultados

La integración de la gamificación incrementó la eficiencia de la atención al cliente y redujo costes a pesar de que el servicio al cliente global sigue creciendo para cubrir la creciente demanda mundial.

Esto fue consecuencia de niveles más altos de conocimiento compartido y la reutilización ha reducido la duplicación de trabajo y las necesidades de atención al cliente, lo que contribuye a un resultado final más grande.

- Reducción en 40% del tiempo de respuesta a los ticket.
- Reducción del 20% de tickets completados.
- Aumento del 40% de uso del foro y búsquedas temáticas.

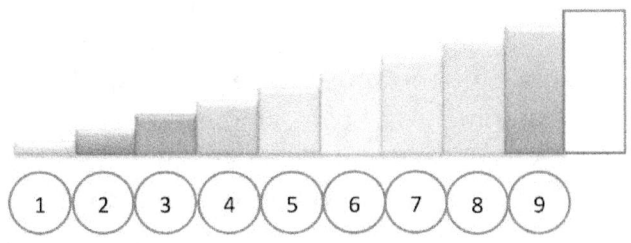

Nivel 9

Gamificación y psicología.

¡Por última vez psicología!

Franz Kafka

Según Gabe Zicherman, la gamificación es un **75 % psicología y un 25 % tecnología.**

En tecnología podemos incluir, la programación, el diseño, la redacción, etc. Pero, ¿qué es lo que puede aportar la psicología a la gamificación? Pues en mi opinión mucho y variado, sobre todo si hacemos referencia a la psicología experimental y científica que se desarrolló a lo largo del siglo XX.

Los primeros intentos por hacer de la psicología una ciencia experimental objetiva que le permitieran alejarse un tanto de su tradición más especulativa llevaron a estos psicólogos a centrarse en el comportamiento observable y para ello partieron de lo más simple: el reflejo, **estímulo-respuesta**. Desde este enfoque, la mente la consideraron como una cámara oscura, una caja misteriosa e impenetrable, que sólo es posible conocer en función de cómo le afectan los elementos externos (estímulos) y observando qué resultados aparecen en el comportamiento (respuestas). Nacen los primeros experimentos, con animales, los célebres perros de Paulov y su condicionamiento clásico. Y a partir de aquí, **disciplinas como el conductismo o la psicología del aprendizaje fueron creciendo y haciéndose más complejas.**

Se observó que, además se podrían asociar conductas a refuerzos y que un adecuado diseño de la administración de éstos puede llevar a un potente programa de modificación de conducta. Miles y miles de experimentos en las facultades de psicología más prestigiosas de cada momento fueron añadiendo y depurando el conocimiento sobre esta psicología de la conducta.

Pero la evolución fue a más y se criticó el modelo de la cámara oscura así que comenzaron a aparecer psicólogos que vieron necesario entrar en esa caja negra, sin alejarse mucho del conductismo, tomaron **el pensamiento como una conducta y continuaron con el modelo experimental dentro de lo que se llamó la psicología cognitiva**. Gracias a esta nueva corriente, aprendimos cómo las expectativas, por ejemplo, influyen en la decisión de participar en un juego, en aceptar un reto o relacionarse con una persona. Aparecen conceptos como: autoeficacia, modelado, autoestima... que hemos de tener en cuenta para comprender por qué las personas juegan y en general por qué actúan. Son útiles, por lo tanto, para diseñar cualquier programa que pretenda influir sobre el comportamiento de las personas de cara, por ejemplo, a entrenarle o motivarle.

Pero la psicología seguía otros muchos caminos y aparecieron también los psicólogos humanistas de la motivación buscando por qué las personas se ven movidas hacia la acción. Los estudios de Maslow, Herzberg, son ya unos clásicos. Estos autores han dejado discípulos que siguen trabajando por conocer las particularidades de la motivación humana.

Más recientemente, aparecieron estudios sobre la psicología de los estados positivos, que intentan investigar qué hace que las personas nos sintamos bien: **¿Por qué la gente es feliz? ¿Qué hace la gente se sienta bien?** Una persona puede trabajar por un motivo, pero además de eso hay algo que provoca que en las mismas circunstancias uno se sienta mejor que otro. Y eso hace que esta persona busque y se mantenga más en esa situación.

Se publicaron así los estudios de Seligman, sobre el optimismo y sobre todo las investigaciones y conclusiones de Mihaly Csikszentmihalyi que llevaron a su **teoría del fluir**, que ya vimos en el nivel 7, una verdadera teoría de la felicidad que curiosamente, casa a la perfección con las experiencias de juego en cualquier versión y cultura. De igual forma, esta **Experiencia Óptima** es la que viven los jugadores de videojuegos. Lo mejor de todo, es que aprendiendo de ello, podemos diseñar casi cualquier actividad humana de modo que podamos vivirla como lo hacemos en el juego.

Es inmenso el campo de inspiración que nos puede ofrecer la psicología experimental. A modo de muestra, a continuación, presento en forma resumida algunos conceptos de psicología que pueden ser útiles a la hora de gamificar.

Condicionamiento clásico.

Propuesto a partir de los estudios de Ivan Pavlov condicionamiento clásico afirma que si un sujeto es expuesto a un estímulo neutral acompañado por un estímulo condicionado, asociará el estímulo neutral con el condicionado. En sus experimentos, Paulov condicionó a sus perros para que salivaran al oir una campana, ya que durante un tiempo, asoció su sonido a la aparición de la comida. De un modo parecido, a las personas, cuando escuchamos la sintonía de un anuncio de dulces, se nos hace la boca agua.

El condicionamiento clásico se produce, debido a que los seres humanos y los animales responden ante un evento anticipándose al siguiente. Lo más importante, es que el condicionamiento clásico actúa sobre un comportamiento existente, en muchos casos una respuesta biológica, que se forma por un estímulo asociado.

En un videojuego, la aparición de ciertos estímulos, gráficos, mensajes, sonidos, hacen anticipar situaciones excitantes provocando anticipación de respuestas biológicas como la secreción de neurotransmisores: norepinefrina, dopamina...

Ley del efecto:

La "Ley del Efecto", de Thorndike, enunciaba que si una conducta va acompañada o seguida por satisfacción tendería a ser repetida cuando la situación surja de nuevo. Y al contrario, si va acompañada o seguida por insatisfacción tenderá a no ocurrir.

En los juegos son continuos los comportamientos que provocan efectos, el feedback es constante y está pensado para que éste sea satisfactorio.

Esta teoría fue reformulada desde el conductismo por Skinner en la conocida "Teoría del Refuerzo", y posteriormente estudiada y desarrollada por los psicólogos del aprendizaje.

Ley del refuerzo:

Teoría propuesta por Burrhus Frederic Skinner, según la cual el factor central para el control del comportamiento es el refuerzo. Un refuerzo es cualquier consecuencia que, cuando sigue inmediatamente a una respuesta, aumenta la probabilidad de que esa respuesta se repita posteriormente.

De este modo habla de refuerzo positivo cuando el fortalecimiento del comportamiento se logra por medio de la aplicación de algún evento gratificante, mientras el refuerzo negativo es el fortalecimiento de comportamiento por medio de la eliminación o evasión de algún evento aversivo.

Las dos formas de refuerzo fortalecen el comportamiento, o incrementan la posibilidad de que un comportamiento vuelva a ocurrir; la diferencia se encuentra en si el evento de refuerzo es algo aplicado (refuerzo positivo) o algo eliminado (refuerzo negativo).

El diseño de la presentación de los refuerzos en tiempo y número afecta a la probabilidad del incremento de respuesta. Algo muy a tener en cuenta a la hora de pensar qué comportamientos queremos modificar en gamificación.

Condicionamiento operante

Partiendo de los estudios de Pavlov y Thorndike, que ya lo denominó como condicionamiento instrumental, B. F. Skinner describe el condicionamiento operante como aquel que se da cuando, en una situación, la conducta tiene como consecuencia la aparición de un refuerzo. Tal como describe la Ley del Refuerzo, este hecho hace que se produzca un aumento en la probabilidad de presencia de dicha conducta.

En el condicionamiento operante el sujeto, además de trabajar con conductas ya existentes, tiene la opción de adquirir comportamientos nuevos. El adjetivo "operante" se refiere a que, a diferencia del condicionamiento clásico, el sujeto interviene u "opera" en el medio, lo modifica y esto a su vez influye sobre el individuo.

En el condicionamiento clásico la asociación se da entre un estímulo condicionado, llamémoslo artificial y uno incondicionado, una respuesta natural. En el condicionamiento instrumental la asociación se da entre las respuestas, las conductas, y las consecuencias que se derivan de ellas.

Por ello en condicionamiento clásico, la respuesta del sujeto es biológica, involuntaria, mientras que en el instrumental es generalmente voluntaria.

Por ejemplo, al inicio de los videojuegos es importante enseñar y entrenar los comportamientos adecuados asociándolos a consecuencias reforzantes ¿Y en las empresas qué se hace?

Contrafreeloading

El psicólogo Glen Jensen acuñó el término contrafreeloading, para definir el comportamiento que ofrecían ciertos animales tras los experimentos de condicionamiento que, a pesar de ofrecerles finalmente comida de forma fácil y libre, preferían aquella que recibieron después de activar algún mecanismo, pulsadores o palancas. Parece como si hubiera una predilección por ganarse la comida frente a simplemente disponer de la misma sin tener que realizar esfuerzo alguno. Jansen observó este comportamiento en estudios con diferentes otros tipos de animales: aves, peces, monos... Curiosamente no en el gato doméstico que prefería la comida servida directamente.

Estos estudios sorprendieron ya que iban en contra de la lógica tendencia evolutiva a no gastar energía extra en buscar alimento cuando había suficiente comida fácilmente accesible. Es como si los animales prefirieran trabajar por la comida... ¿o lo que querían era jugar?

En cualquier caso, lo interesante es que hay una cierta atracción por los retos.

Economía de fichas

La economía de fichas (en inglés, Token economy) es una técnica psicológica de modificación conductual que se basa en los principios del condicionamiento operante, utilizada frecuentemente para promover y reforzar las emisiones de determinadas conductas socialmente deseables, seleccionadas y operacionalmente definidas al iniciar el programa.

Generalmente, se trata de conductas que el sujeto no realizaría espontáneamente, al menos no tan frecuentemente como esperarían quienes desean modificar su conducta.

Al poner en práctica esta técnica se define una serie de conductas deseables, que se esperan fomentar. Se define igualmente el reforzador simbólico, fichas, cruces en un cuadro, tabas o pegatinas, así como las reglas y condiciones para el intercambio. Por ejemplo, cuando se alcance una determinada cantidad se podrá canjear por un premio, que por lo general, es inicialmente material o tangible y luego se reemplaza por un reforzador social.

Las relaciones con ciertos diseños en juegos y en gamificación son muy directas. Por ejemplo, veamos los puntos y medallas como reforzadores simbólicos.

Efecto Zeigarnik

Enunciado por la psicóloga gestáltica rusa Bluma Zeigarnik en 1927, nos indica cómo una tarea incompleta o inacabada crea en nosotros una tensión que tan sólo es liberada cuando la completamos. Esta tensión hace que estemos alerta hasta que esta sea completada y por ello mantenemos parte de nuestra atención en ella con el consiguiente esfuerzo mental.

Esto entre otras cosas nos da ya una explicación de la tendencia que tenemos de completar las barras de progreso al 100%. O por qué nos engancha tanto el Tetris.

Teoría de la atribución

La teoría de la atribución (Fritz Heiner 1958) analiza cómo las personas tendemos a atribuir la conducta propia o de otros a dos causas posibles:

- *causas internas:* rasgos de personalidad, inteligencia, motivación, etc...
- *causas externas:* suerte, situación, acciones de terceras personas...

Los comportamientos causados internamente son aquellos que se consideran que está bajo el control de la propia persona, en cambio los comportamientos causados de forma externa se consideran que son el resultado de causas externas.

A la hora de diseñar la gamificación tendremos que tener en cuenta en qué medida nos interesa que haga atribuciones internas o externas de los comportamientos y resultados.

Teoría de la autoeficacia:

Teoría propuesta por Albert Bandura según la cual, las expectativas de auto-eficacia influyen sobre la intención de actuar y sobre el esfuerzo invertido para lograr la meta propuesta y persistir en la conducta. Es decir que si una persona espera de sí mismo ser eficaz en una tarea para conseguir algo, esto afectará aumentando el esfuerzo que realice y la persistencia en lograrlo.

Es importante, por lo tanto, en los primeros pasos de gamificación generar más éxitos para aportar una experiencia que fomente la percepción de autoeficacia. ¿Cómo han sido vuestros inicios en algunas funciones profesionales?

Comparación social

León Festiguer (1954) propuso esta teoría según la cual cuando carecemos de referencias objetivas el ser humano necesita validar sus acciones, creencias, opiniones y actitudes comparándose con otras personas.

Naturalmente desde su formulación inicial esta teoría ha evolucionado y muchos estudios han ido aportándole matices y complejidad, pero sigue en plena vigencia. Vean si no el éxito en soluciones gamificadas de las referencias comparativas sociales como las clasificaciones, los leaderboards y las anotaciones y votos en las redes sociales.

Disonancia cognitiva

Concepto propuesto también por León Festinger en su obra "A theory of cognitive dissonance" (1957) que se define como un estado de tensión que se produce cuando un individuo mantiene simultáneamente dos cogniciones o certezas (ideas, actitudes, creencias, opiniones) psicológicamente incompatibles. Puesto que la producción de una disonancia cognitiva es desagradable, las personas se ven impulsadas a reducirla.

En un juego, puede ser incompatible la cognición: me aburren los videojuegos, con la acción: has pasado más de una hora con el juego.

Teoría de la perspectiva

La teoría de la perspectiva (Prospect Theory) fue desarrollada en 1979 por los psicólogos Daniel Kahneman (Premio Nobel de Economía en el 2002) y Amos Tversky .Esta teoría describe que las personas que actúan en entornos de incertidumbre, y qué por lo tanto implican riesgo, cuando toman decisiones entre diferentes alternativas, se apartan de los principios básicos de la probabilidad.

Los individuos evalúan las potenciales pérdidas y ganancias de forma no racional. Según predice la teoría de la perspectiva, la aversión al riesgo está en el dominio de las ganancias; y, la búsqueda del riesgo está en el dominio de las pérdidas (excepto para pequeñas probabilidades). Por ejemplo, preferimos no apostar cuando estamos ganando, y tendemos a arriesgar más cuando se está perdiendo, sin relación directa con las probabilidades matemáticas de éxito. A este tipo de decisiones lo denominaron atajos heurísticos.

Una observación de ello se aprecia en *el efecto marco* "Framing", es decir, al decidir nos movemos en función de unos valores dados dentro un marco de referencia y no por términos absolutos. Si acabamos de salir de consultar precios en una tienda de productos de lujo, tendremos menos reparos a la hora de gastar un poco más en el supermercado, por que nos parecerá más barato. El valor que gano o pierdo lo juzgo en función de marcos de referencia.

Otros conceptos interesantes que se derivan de esta teoría son:

La *aversión a la pérdida*, la mayoría de las personas temen más los efectos de las posibles pérdidas que los de las eventuales ganancias. Es decir nos afecta más el "dolor" de perder 100 monedas que la "felicidad" de ganarlas, por lo tanto el esfuerzo a no perder será mayor que el que invirtamos en ganar. En los juegos se observa cómo existe más cuidado a la hora de asumir riesgos entre los que tiene más "puntos de poder" que entre los que no.

El *efecto de dotación*, valor que le damos a determinadas cosas no está en relación con su valor real. Por ejemplo, nuestra casa de muchos años o nuestro querido coche, vale más para nosotros que lo que realmente el mercado estaría dispuesto a pagar. Y en muchos casos nos resistiríamos a cambiarlas por otras con más valor pero que no sentiríamos como nuestras. ¿Cuánto vale tu avatar, o tu ciudad en un juego? Y ¿Cuánto tiempo estarías dispuesto a invertir por conservarla?

Como hemos comprobado, la psicología nos aporta en sus conclusiones gran cantidad de conceptos, experimentos, datos, estadísticas, etc. para comprender qué hace que la gamificación funcione e incluso cómo hacer que funcione mejor. Pero lo más apasionante de esta unión de juego + psicología es la sencillez que aporta, **nos podemos acercar a la motivación y mejora de personas desde el modelo más comprensible de las dinámicas y mecánicas de juego**: hablaremos de puntos, medallas, niveles, retos en lugar de hablar de reflejos, motivos, refuerzos, feedback, complejidad, competencias, expectativas, lo que facilita la comprensión y la expansión del diseño gamificado, que también podríamos llamar "psicologizado", pero suena más amable, hablar de juego.

Lo más apasionante es que, a su vez la gamificación es per se un diseño experimental, es decir, un entorno controlado en el que podremos analizar objetivamente variables de los sujetos. Esto permitirá seguir aportando investigación y contrastando teorías que probablemente darán origen a muchas nuevas. **Con la gamificación estaremos sacando el laboratorio al mundo.** Y esto repercutirá en mejoras sobre el propio conocimiento y beneficios para el ser humano.

Unir empresa, psicología y juego es algo innovador y al mismo tiempo simple algo así como el invento de la maleta con ruedas. Tanto las maletas, como la rueda, existían de antemano, pero la revolución ocurrió cuando ambos conceptos se juntaron. Ahora ¿Quién puede prescindir de ellas para llevar el equipaje?

¡Qué bien, qué bien!

Nueve niveles es un nivelazo.

Ya sabes que en gamificación es importante reconocer el progreso no sólo el resultado y que hemos de contar con la psique de nuestros jugadores.

Un curioso vídeo de gamificación en el hogar

Si no tienes lector de códigos QR puedes usar el enlace:

http://goo.gl/Kch6ol

Desbloqueado: Caso 9

Descripción

Livemocha es una plataforma de formación de idiomas que ha incorporado algunas mecánicas como las barras de progresos, fichas, medallas, regalos, ... pero quizá su punto fuerte sean las mecánicas sociales como la valoración y la colaboración entre pares.

En Livemocha se pueden aprender más de 35 idiomas con ejercicios y con interacciones con hablantes nativos. Los ejercicios realizados por un estudiante serán corregidos por tutores que a su vez son valorados por su eficacia como orientadores a la hora de enseñar un idioma.

En 2008, la Universidad Marquette, inspirada por los entusiastas informes de los estudiantes sobre los niveles de "engagement" y eficacia de Livemocha, realizaron un experimento en el que el factor de "compañero de intercambio de idiomas" -interacción entre pares de los alumnos con lenguas de estudio complementarias - fue evaluado para medir su impacto.

Se formó un grupo de control con 117 estudiantes noveles de español que participaban en las clases en aula con formato tradicional 10 semanas, con tres clases por semana, y un grupo experimental con otros 118 estudiantes de español en el cual se modificó una de las tres horas semanales y se reemplazó por una sesión práctica online con un nativo español que, a su vez, estudiaba inglés. Cada estudiantes durante el intercambio de idiomas estaba 25 minutos practicando un diálogo.

Resultados

	Grupo de control	Grupo experimental
Mejora del nivel	33%	62%
No hubo cambios	50%	38%
Disminución del nivel	17%	0%

El impacto del programa de intercambio de lenguaje excedió de lejos las expectativas de los investigadores. Entre el grupo de control el 17 % mostraba perdida de habilidad y el 50% que no cambian el nivel, evidencian que el hecho de que el español sea una optativa es considerado por la mayoría de los principiantes como que no merece la pena el esfuerzo. Por el contrario, en el grupo experimental, los estudiantes que mejoran sus habilidades son el doble, la perdida de habilidad desaparece y el número de estudiantes que no mejoran es un 24% menor. Esto demuestra claramente que el nivel de compromiso y eficacia aumenta añadiendo al estudio normal de vocabulario y gramática, practicas e intercambio entre pares.

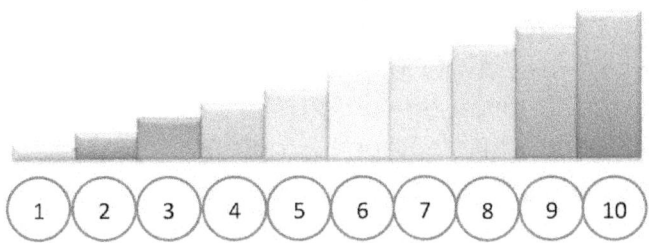

Nivel 10 Gamificando

Oigo y olvido; veo y recuerdo; hago y comprendo.

Confucio

Hasta ahora, hemos visto qué es gamificación interna, qué variables influyen, los beneficios de usarla y algunos ejemplos. Es el momento de hablar sobre cómo realizarla.

Para ello es muy útil seguir unas pautas o un protocolos a la hora de gamificar. Este procedimiento marco (framework) nos ayudará a ordenar nuestros pasos y no olvidarnos de ciertas fases clave.

En la actualidad, hay bastantes "framework" y cada autor aporta el suyo. Yo recomiendo leer más de uno y luego sacar las propias conclusiones.

Uno de los más difundidos actualmente es el modelo 6D del profesor Kevin Werbach que incluye los siguientes pasos:

1. **Define business objectives**
2. **D**elineate target behaviors
3. **D**escribe your players
4. **D**evise activity loops
5. **D**on't forget the fun!
6. **D**eploy the appropriate tools

Lo que, intentando mantener las seis "D", podríamos traducir por:

1. **Define objetivos de negocio**
2. **Distingue las conductas clave**
3. **Describe a los jugadores**
4. **Diseña el feedback**
5. **Divierte**
6. **Determina las herramientas**

Para explicarlo paso a paso, lo veremos con un ejemplo de empresa. Imaginemos que queremos gamificar un proceso de gestión de cobros.

La situación:

Imaginemos una empresa que tiene varias delegaciones, por todo el país. El seguimiento de los saldos pendientes está en manos de los administrativos de cada delegación. En la mayoría de los casos, estas personas no están especializadas en esta tarea y la comparten con otras labores administrativas que también las suelen clasificar como "prioritarias".

Con esta situación, al final la gestión de cobro se hace cuando se puede o cuando hay una urgencia especial, lo que lleva a retrasos que afectan directamente a la probabilidad de cobrar la deuda pendiente. Por ello, se ha pensado en gamificar el proceso, con el fin de reducir los saldos pendientes y acortar el tiempo de cobro de la deuda.

Según el modelo de 6D Werbach podríamos proceder como sigue:

1. **Define el objetivo de negocio:**
    En este ejemplo, está definido claramente en la situación. Sería "reducir los saldos pendientes y acortar el tiempo de cobro de la deuda."
    En cualquier caso conviene que recordemos las características SMART (o MARTE español) sobre la definición de objetivos de modo que este deberá ser:
    Especifico: Reducción de los saldos pendientes centrándonos en aquellos que posean mayor antigüedad y que correspondan a cantidades de mayor cuantía dentro de las competencias de cada delegación.
    Medible: Para ello se tomará como indicador la media de resultados de los últimos 3 años y se deberá mejorar el resultado al menos en un 20 % en tiempo de cobro lo que afectará sin duda a la reducción del porcentaje total impagados mensuales que deberá descender un 15 % lo que se traducirá en un incremento de caja.
    Alcanzable y Ambiciosa: consideramos que la meta es posible dado que hemos dedicado más recursos a esta labor y contarán apoyo y nuevas herramientas. En el último trimestre, con el nuevo proceso de trabajo y hemos mejorado un 2 %.

Realista: Somos conscientes de la complejidad de la situación actual y de la dificultad por la que atraviesan muchas empresas clientes, por ello hemos ofrecido mejores condiciones de negociación a nuestras delegaciones siempre que el cobro se esté realizando. Por otro lado, somos conscientes de que hay heterogeneidad en la preparación de las personas encargadas de la gestión del cobro por ello un objetivo secundario es el entrenamiento de las personas implicadas.

Temporal: El objetivo establece el tiempo para ser alcanzado en 9 meses. Teniendo en cuenta que necesitaremos 3 meses para el diseño, comunicación e implantación de la metodología y 6 meses para monitorizar los resultados con fiabilidad.

Con esos detalles el objetivo quedará definido como sigue:

El fin de la gamificación del proceso de gestión de cobros será reducir un 15 % los saldos pendientes y acortar un 20 % el tiempo de cobro de la deuda con respecto a los datos con que contamos en la actualidad y comparados con la medición al final del proyecto que esta prevista en 9 meses. Este objetivo afectará a la morosidad que es competencia directa de las delegaciones de la empresa en todo el país y precisará de una actualización de los procesos de información y de las habilidades y conocimientos de los agentes de cobro.

2. **Distingue las conductas clave:**

Lo más sencillo es analizar el proceso para encontrar cuáles son estos comportamientos clave.

Por ejemplo, una vez se recibe un aviso de impagado, lo primero es ponerse en contacto con el cliente por teléfono para indagar sobre la causa del aviso.

En segundo lugar, si la llamada no ha tenido éxito, se ha de realizar un segundo intento o el correspondiente seguimiento en caso de algún tipo de acuerdo.

Las conductas serían:

- Localizar a responsable del impago
- Recopilar los datos e información necesaria
- Llamar
- Lograr acuerdos
- Registrar los seguimientos
- Realizar seguimientos.
- Cobrar.

Además de este primer análisis, es recomendable alguna acción de investigación más exhaustiva para descubrir cuales son las mejores prácticas, aquellas que todas las delegaciones deberían realizar. Es conveniente realizar algún procedimiento como entrevistas, grupos de enfoque, observación directa, etc. Para encontrar las conductas diferenciales.

En este segundo análisis podremos descubrir comportamientos interesantes para tener en cuenta. Por ejemplo, que entre las personas que ya consiguen mejores resultados se dan los siguientes comportamientos comunes.

- Revisan diariamente y al inicio del día los saldos pendientes
- Revisan los procesos en curso con frecuencia.
- Realizan los contactos de seguimiento (llamadas, visitas, cartas,...) con más puntualidad.
- Conocen mejor el proceso.
- Dedican al cobro un 20% de su tiempo de trabajo.

Por lo tanto, además de las conductas de seguimiento del proceso más genéricas que encontramos el primer análisis encontramos otras más específicas asociadas directamente a mejores resultados.

3. **Describe a los jugadores:**

Según los datos facilitados por Recursos Humanos, y los detectados en el proceso previo de consultoría de equipos, mediante el uso de diversas técnicas de evaluación. Los principales participantes son administrativos con experiencia de entre 1 y 15 años en la empresa que normalmente compatibilizan esta labor con otras como emisión de contratos, apoyo a los comerciales en los envíos y redacción de propuestas, facturación, etc... Su formación es media aunque con gran conocimiento de su zona y de la empresa. Son personas sociables y colaboradoras motivadas por el reconocimiento y en general están de acuerdo con su nivel retributivo aunque agradecerían cualquier tipo de incentivo que consideren que valora su esfuerzo.

Entre los aspectos negativos del puesto, comentan que tienen sobrecarga de trabajo, y mucha presión desde el resto de la empresa: gerentes, comerciales y técnicos. Se quejan de poco tiempo que les queda y el poco margen de reacción ante los clientes.

Además de esto, la función de gestionar cobros que, anteriormente era una labor secundaria de su puesto, ahora ha adquirido mayor importancia y requiere de ellos un mayor esfuerzo y tiempo que sumar a su ya cargada lista de tareas. Una de sus mayores quejas en este sentido es la falta de tiempo para realizar todas sus funciones adecuadamente. Por otro lado, la percepción general es que esta tarea es desagradable, ya que no cuentan con apoyo de la empresa, el esfuerzo que dedican no es valorado. Sumado a esto, al realizar esta función, la experiencia suele ser negativa ya que frecuentemente se encuentran con clientes manipuladores, cuando no malhumorados, por que se les recuerda que tienen deudas pendientes.

4. Diseña el feedback

Teniendo en cuenta lo descrito y es el momento de pensar en que tipos de feedback deberían ser útiles para que nuestros jugadores puedan encontrar más interesante este proceso. El objetivo de el feedback es orientar su atención, desviarla de los aspectos negativos, como el esfuerzo, o la rutina, para centrarla en los avances y en los aspectos positivos.

Con esto en mente, pensaremos en primer lugar en el feedback de ciclo corto, el que refuerza de forma más inmediata los comportamientos adecuados.

Recordemos algunas de las conductas deseables en este proceso:

- Localizar a responsable del impago
- Recopilar los datos e información necesaria
- Llamar
- Lograr acuerdos
- Registrar los seguimientos
- Realizar seguimientos.
- Cobrar.

Deberemos pues encontrar métricas adecuadas para estas conductas que a su vez puedan ser mostradas de forma estimulante a los participantes. Por ejemplo:

- **Localizar a responsable del impago.** Podremos medir en un sistema de seguimiento asociado a una base de datos; el número de veces que se localiza realmente a un moroso, el tiempo de localización. También podremos medir los intentos fallidos. O el número de llamadas necesario para cada contacto. Podemos usar algún tipo de algoritmo como ratio diario de contactos localizados o porcentaje de éxito en relación a intentos realizados. También podremos usar datos comparativos diarios o semanales asociados a esta conducta, tomando como referencia otras delegaciones, individuos o indicadores de referencia como diferencia con la media total o una puntuación óptima.
- **Recopilar los datos e información necesaria.** Se podría contar con datos de acceso a las principales fuentes de datos, o si existe una

especialmente aplicación diseñada, se podría medir el porcentaje de datos completados por perfil de cliente, para poder indicarlo con una barra de progreso por ejemplo. Se puede analizar la calidad en función de datos correctos, precisión y utilidad de los datos, por sistemas de valoración o votos.

El objetivo de estas métricas es ofrecer feedback inmediato y significativo sobre el resultado de su acción, de forma que tenga la doble función de orientación y de estímulo. Deberemos analizar con cuidado cuales son las métricas más relevantes para cada caso y analizar el tiempo y el modo en que se presentarán los datos.

El mismo procedimiento lo realizaríamos con las demás conductas del proceso (Llamar, Lograr acuerdos, Registrar los seguimientos, Realizar seguimientos, ...)teniendo en cuenta que deberemos seleccionar las conductas e indicadores ya que no se trata de abrumar con datos sino de ofrecer referencias de acción y resultados. Podremos, en diferentes momentos, poner retos relacionados con alguna conducta concreta que se quiera estimular en algún periodo.

De igual modo deberíamos pensar en indicadores para las conductas deseables:

- Revisan diariamente y al inicio del día los saldos pendientes.
- Revisan los procesos en curso con frecuencia.
- Realizan los contactos de seguimiento (llamadas, visitas, cartas,...) con más puntualidad.
- Conocen mejor el proceso.

- Dedican al cobro un 20% de su tiempo de trabajo.

Como vemos, podemos utilizar indicadores simples: frecuencias, tiempos, ganancias,... o más complejos como pueden ser medias, porcentajes, puntaciones diferenciales, u otros algoritmos más elaborados. En cualquier caso deberemos tener en cuenta que sean adecuados para lograr el objetivo de orientación y vinculación del participante.

Deberíamos analizar si es posible hacer un seguimiento digital de estos comportamientos. Por ejemplo, si existe un sistema informático de gestión de los cobros, en el que haya una zona de consulta de "saldos pendientes" se puede analizar: número de consultas, tipo de búsqueda, tiempo de consulta, momentos de consulta, ... buscaríamos entre ellos qué indicadores se relacionan con los mejores resultados. Estos deberían ser una referencia sobre el grado de mejora. Puede también aportarse en el sistema un feedback cualitativo en forma de texto agradeciendo o estimulando el uso de esta herramienta. Algo como: "Enhorabuena, consultar diariamente los saldos pendientes ayuda a lograr resultados".

En esta fase, hemos de tener cuidado de no sobrecargar con datos ni ser muy invasivos para que no se interfiera con la tarea. Tendremos en cuenta tanto la usabilidad como la experiencia del usuario.

Como ya lo abordamos en su momento, además de el feedback de actividad deberemos pensar en el feedback de progreso. Indicadores que muestren al participante que está mejorando en el desempeño de su función y en el desarrollo de las habilidades necesarias.

En este caso buscaremos métricas que se relacionan con la mejora en el desempeño y en la cualificación profesional. En este ejemplo, se podrían en establecer 4 niveles:

Novel: para lo cual deberá completar tareas relacionadas con:

- Conoce el procedimiento usando el tutorial. Se puede valorar un mínimo uso del tutorial y la superación de retos de conocimiento para superar este apartado.
- Conoce las aplicaciones con apoyo. Pedir ayuda es positivo para aprender.
- Comienza a registrar adecuadamente al menos la información más relevante,...
- Logra usar más del 10% del tiempo de trabajo dedicado al cobro,

Agente:

- Conoce el procedimiento sin ayuda.
- Conoce las aplicaciones sin ayuda en el 90% del uso.
- Registrar adecuadamente las acciones y datos útiles para el seguimiento del cobro,...
- Ha realizado entrenamiento en habilidades de cobro
- Resuelve con seguridad situaciones de dificultad 1.

- Logra usar más del 15% del tiempo de trabajo dedicado al cobro,

Experto:

- Conocer el procedimiento 100%
- Conocer las aplicaciones, 100%
- Registrar adecuadamente las acciones, y obtiene puntuaciones por encima de la media en los registros de tiempos, resultados, actividad,...
- Ha realizado entrenamiento en habilidades de cobro en más de una ocasión.
- Resuelve con habilidad situaciones de dificultad 2
- Logra usar más del 20% del tiempo de trabajo dedicado al cobro.

Maestro:

- Conocer el procedimiento 100%
- Conocer las aplicaciones, 100%
- Registrar adecuadamente las acciones, y obtiene puntuaciones por encima de la media en los registros de tiempos, resultados, actividad,...
- Logra usar más del 20% del tiempo de trabajo dedicado al cobro.
- Ha realizado entrenamiento como tutor o entrenador de habilidades y herramientas de cobro.
- Puede afrontar y resolver con seguridad situaciones de dificultad 3
- Además apoya a otros como tutor en su dudas sobre procedimientos, técnicas, herramientas...

Gran parte de los indicadores de este feedback de progreso, deberán proceder de métricas objetivas: horas de uso, número de consultas, ... Además sobre todo en los niveles superiores deberá contarse con indicadores subjetivos que pueden proceder de las valoraciones entre pares de sus conductas de ayuda a otros, de colaboración en línea, etc... También se pueden ponderar valoraciones de superiores y personas en forma de la observación de comportamientos concretos, medidas de feedback 360º,...

Como comentamos en el nivel 8, en este progreso hemos de cuidar especialmente las fases de inicio (onboarding), intermedio y dominio. Por ello, en las primeras fases compensamos la dificultad y la ansiedad con apoyo y tutorización a medida y cercana. Posteriormente los retos y la relación social nos facilitaran el crecimiento en el progreso.

Como vemos la gamificación se centra en el feedback de los comportamientos óptimos del proceso para obtener el resultado. El principio es que, si tienes claro el objetivo y haces bien el proceso, actuando de la manera correcta y desarrollando las habilidades precisas, el resultado llegará por sí mismo.

En los sistemas tradicionales, simplemente se toma en cuenta el resultado sin incorporar dentro del proceso herramientas, ayudas y orientación en la mejora de la actividad. Por el contrario, el feedback, en muchos casos, solamente se ofrece cuando los resultados son negativos con lo que la satisfacción del éxito queda camuflada en el silencio que se infiere de la creencia de que "el logro de resultados es lo normal" y por lo tanto no hay que remarcarlo. En otros casos, revolotea el temor de que si se felicita o se da una referencia positiva de los resultados el trabajador puede terminar creyéndoselo y volverse soberbio o lo que es peor pedir un aumento de sueldo.

Naturalmente, en la gamificación el resultado también cuenta y, aunque no está solo, es un indicador importante. Pero es el participante el que hace la valoración de su resultado y tiene el poder de reaccionar y pensar en la estrategia. Al tener más datos, se le da confianza y autonomía para pedir apoyo y para tomar decisiones (empowerment).

En nuestro caso, el objetivo final es reducir los saldos pendientes y acortar el tiempo de cobro de la deuda. Y esto se va a poder conocer al momento, pero además podemos incluir una escala en estos resultados haciendo una valoración de dificultad e importancia del logro.

Por ejemplo, no es lo mismo cobrar a una persona que debe una cantidad pequeña desde hade un solo mes, que una persona que tiene pendiente varias cuotas de cantidades superiores. Tampoco es lo mismo cobrar a un particular que a una gran entidad que requiere un conocimiento de sus procedimientos de pago, su burocracia, etc. Por ello podemos dividir los casos pendientes en grados:

Grado 1: saldos normales con autónomos. pequeñas o medianas empresas de historial fiable y posiblemente un impago puntual

Grado 2: Saldos medios-altos de pequeñas o medianas que tenemos constancia que están en sector en dificultad y han tenido ya algunos retrasos o historial de pagos

Grado 3: Saldos altos, con empresas medianas o grandes que pueden tener gran burocracia interna y alto poder de negociación. También pueden estar en este grado las empresa de grado dos con saldos altos y más de 6 meses de retraso en los pagos.

Así para medir el comportamiento resultado "conseguir un cierre de cobro", damos una información del resultado y además, del grado de dificultad e importancia del logro realizado.

Logro = Resultado +Dificultad+ Importancia

A estas métricas, podemos añadir algún feedback colaborativo, dando información de cómo se contribuye al objetivo de un equipo, de una zona o al total corporativo.

5. Divierte

Partimos de dos situaciones clave:

- La función de cobro es percibida como desagradable: a diferencia del comienzo del proceso de venta, los clientes no siempre son agradables cuando se les reclama un saldo pendiente.
- La tarea no es valorada: requiere mucho esfuerzo, disciplina y habilidad de negociación y sin embargo algunos superiores y compañeros la ven con una tarea

administrativa más y como clientes internos valoran más que se centren en asuntos que les ayuden a ellos en sus tareas: redactar contratos, realizar llamadas,...
- Los gestores de cobros al estar dentro del departamento de administración no tienen un incentivo variable como el departamento comercial lo que ven como un agravio comparativo ya que en realidad el cobro es la fase final de la venta y son conscientes de que su labor en esta área afecta directamente a los beneficios comerciales.

Por ello el objetivo es:

La tarea debe ser percibida mas agradable por lo que se intentará que la diversión centre la atención en los factores positivos: el logro, el desarrollo de habilidades, la colaboración entre compañeros.

En cuanto a la valoración se pretende actuar en dos sentidos aumentando el apoyo del resto de la delegación y mediante la generación de incentivos :

- Implicar a los superiores y al equipo comercial como **equipo** de apoyo a la función de cobros: Desde la central se hablará con los responsables de las delegaciones y con el equipo comercial para que las mejoras en los procesos de cobro, se vean como proyectos de acción de equipo. Estas afectaran a la colaboración en comunicación con clientes con saldos pendientes y al apoyo en el aumento de tiempo dedicado al cobro por parte de los gestores. Estas mejoras se ofrecerán en forma de feedback se seguimiento ofreciendo indicadores con tiempo límite para implantarlas. Es importante que se perciba como retos a conseguir en equipo cuya consecución se reforzará con especial atención en mensajes de comunicación interna y con la difusión de mejores prácticas. Estarán asociados a valores de efectividad, logro, colaboración e innovación.

- Valorar los logros ligando con recompensas variables. En este caso no se trata de sumar un incentivo sino de compartir el riesgo y el éxito con el equipo comercial. Se creará un fondo con el que se generarán unos regalos incentivo que se sortearán entre el equipo de cobros (dinero, tarjetas regalo, opciones de días libres...). Mayor puntuación en algunos ratios de actividad y en diversos retos, podrán aumentar la probabilidad de ganar en dichos sorteos.

Para valorar la propia función de cobro se le dará un nombre al proyecto. "Gestión en positivo" este se comunicará con un vídeo motivacional, a modo de estímulo con el departamento de cobro como protagonista en el que se apreciará el reto que supone el cobro y el beneficio para todos que es apoyar y reforzar este área.

Este nombre hará referencia a todo el proyecto gamificado:

- Se creará el concepto de equipos multidisciplinares de cobro para la delegaciones. Que podrán competir entre sí con indicadores de equipo.
- Se dará un feedback del logro y de las mejoras monitorizados mediante puntuaciones, cuadros de clasificación y barras de progreso.
- Se crearán retos, sorpresas, acceso a sorteos entre los que más logren.
- Se dará prioridad de entrenamiento a los que menos resultados, mediante tips de apoyo, red de consulta entre pares con incentivos a la colaboración e incluso con viajes formativos a conocer otras formas de trabajar.
- Desde el inicio por participar en el proyecto cada persona dispondrá de unos recursos de partida: tiempos, vidas,... A medida que avanza tendrá la oportunidad de ganar más recursos que podrá perder o conservar en función de su ajuste al proceso óptimo y a los tiempos. Los principiantes tendrán más oportunidad de ganar estos recursos mediante uso de tutoriales, participación en formaciones, tiempos de prácticas... Estos al final se podrán intercambiar, o utilizar para aumentar las posibilidades de acceso a sorteos o reconocimientos.
- Niveles en función de logros que desbloquearán el acceso a funciones superiores: apoyo a otros, aportaciones al diseño de procesos,... Aumentar de nivel es

- cuestión de tiempo, de logros y de retos de actividad como: "superar las primeras 30 llamadas,..." o conseguir contactar con X clientes en una semana".
- Ante clientes especiales se podrán organizar alianzas que agrupen equipos de varias zonas implicadas. Por ejemplo, un cliente con varias delegaciones, o con la central en otro territorio puede necesitar apoyo de varias delegaciones a la vez más la central.

Como vemos tendremos oportunidad de usar ciertos elementos de juego para aportar diversión a este proceso:

- Narrativa, con la creación de un vídeo y dándole un nombre y significación al proyecto.
- Niveles, para ofrecer una retroalimentación del progreso en el juego.
- Puntos para monitorizar la actividad y logros de los participantes así como para establecer ratios y conseguir recompensas individuales y de equipos.
- Insignias para reconocer los diferentes modos de colaboración en el proceso.
- Equipos y alianzas para lograr retos grupales.
- Votación entre pares para ofrecer feedback sobre la calidad percibida por los compañeros en diferentes variables relevantes en el proceso: tutorización, colaboración, ...

Como vemos el proceso de cobros con este diseño se está comenzando a distanciar del solitario y gris seguimiento de morosos que se acostumbra en algunas organizaciones. Es un proceso más de la relación entre la empresa y los clientes y es, por ello, una oportunidad para demostrar la calidad de la comunicación de la empresa y reforzar el vínculo entre los empleados y con clientes.

6. Determina las herramientas

Con los cinco puntos anteriores prácticamente tenemos el marco general de la gamificación de este proceso de cobros. El último paso necesario es la selección de herramientas para poder poner en marcha el proyecto. Estas son el apoyo de todo el sistema y deberán recopilar todos los datos pertinentes y hacer el seguimiento de las métricas e indicadores en los que se estructura todo el diseño gamificado. La información tendrá que ser útil tanto para los administradores del proceso como para los participantes. Contará, por tanto, con un área de administración con herramientas de seguimiento y configuración y con un área de usuario en la que según el objetivo de negocio, se ofrecerá información adecuada en tiempo y calidad para el seguimiento del progreso individual y de equipos.

En nuestro caso, para la obtención de datos de seguimiento, se dispone de una aplicación de gestión de cobros ligada al CRM de la empresa que ya de por sí arroja gran parte de los indicadores necesarios: tiempos, contactos con clientes, cantidades, ...

Para generar los perfiles de los participantes, equipos, sistemas de colaboración y comunicación interna, colgar tutoriales, archivos de práctica multimedia, votaciones internas y comunicar los logros hemos decidido crear una aplicación a medida con formato de red interna que encargaremos a una empresa experta en diseño de aplicaciones gamificadas. Por ello, en paralelo al diseño interno, deberemos incorporar como colaborador cercano del proyecto a un consultor de esta empresa.

Optamos por hacer un diseño a medida ya que las soluciones estándar están orientadas a otras áreas diferentes de la gestión de cobros.

Con esta última fase habríamos completado los 6 pasos del modelo 6D del profesor Werbach. Aunque, desde una perspectiva de empresa, en gamificación interna, deberíamos complementar este modelo con algunos pasos previos referidos al contexto de la organización:

- A- **Análisis cultural** de las delegaciones participantes. Habremos de comprender qué valores y perfil cultural nos encontraremos en las delegaciones que pretendemos que participen en el proyecto. Como ya hemos comentado, deberá contarse con modelos colaborativos y con valores acordes con la implantación de un proceso gamificado (Transparencia, Autonomía y

Desarrollo de Personas). Ya que de lo contrario, podemos encontrar más resistencias que apoyos al proyecto.

En el caso del ejemplo, previamente se analizó cuál eran los valores de la empresa y el grado en que estos realmente se manifestaban y vimos como la situación de partida era positiva. Valoraban la ética, la transparencia y el desarrollo de las personas y tenían "artefactos" (prácticas, procesos,...) que así lo demostraban y podríamos aprovechar.

B- **Modelo de Liderazgo.** Implica el estudio y adecuación de los estilos de liderazgo. Como ya se apuntó, el modelo de liderazgo es determinante para el éxito de la gamificación. Es un componente fundamental, por ello deberemos analizar hasta qué punto las personas con roles clave en la dirección del proyecto y de los procesos gamificados, cuentan con las competencias y habilidades adecuadas para abordar la gamificación con probabilidades de éxito.

En nuestro caso, analizaremos el modelo de liderazgo de la Dirección General, y más directamente, de la Dirección del Departamento de Cobros y de las diferentes Direcciones Territoriales.

C- **Modelo de Gestión de Personas:** Consecuencia de los dos puntos anteriores, el modelo de gestión de personas puede ayudar o dificultar el proceso de implantación de la gamificación. Si contamos con modelos orientados al desarrollo del talento, con sistemas actualizados de gestión colaborativa y herramientas de evaluación objetivas tendremos bastantes ventajas. Y si además, esta gestión está descentralizada y es participativa, de modo que todo el equipo directivo es consciente de su responsabilidad e influencia en el desarrollo del capital intelectual y humano de la empresa, entonces la gamificación cuenta con un fiel aliado.

El modelo de gestión de recursos humanos que nos encontramos en la empresa, era muy favorable. Ya que por un lado había ciertas prácticas ya tradicionales en la empresa que estaban en línea con las nuevas tendencias de gestión del desarrollo y de las competencias. Contaban con programas actualizados de coaching y desarrollo directivo. Además, desde hacía ya algunos años estaban implantando un modelo más descentralizado que otorgaba más autonomía a las delegaciones y a los individuos en la gestión de su desarrollo. Lo que favorecía incorporar nuevas prácticas gamificadas como parte de este proceso.

D- **Plan de comunicación y participación**. En gamificación la voluntariedad de la participación es importante. Como nos recuerdan Ethan Mollick y Nancy Rothbard en su estudio: "Encontramos que los juegos, cuando son consentidos incrementan un afecto positivo en el trabajo, pero si falta consentimiento, decrece el afecto positivo y en cierta medida el rendimiento." Por ello es importante hacer atractivo el proyecto y realizar un plan de marketing interno que tenga en cuenta la perspectiva y los intereses de los potenciales participantes. Como en muchos otros proyectos en la organización, una buena tecnología, un buen proyecto, una buena idea pueden irse al traste por una deficiente o mala campaña de comunicación. Es importante convencer.

Para ello:

- o Escucharemos a los gestores de cobro: Sus perspectivas, sus inquietudes sus ideas. Haremos grupos de trabajo y desarrollo para que puedan compartir estas iniciativas
- o Realizaremos seminarios por zonas, con el director y comerciales incluidos, en los que trabaje sobre la mejora en la gestión de cobros y la importancia de la colaboración en equipo.
- o Campaña de comunicación interna.

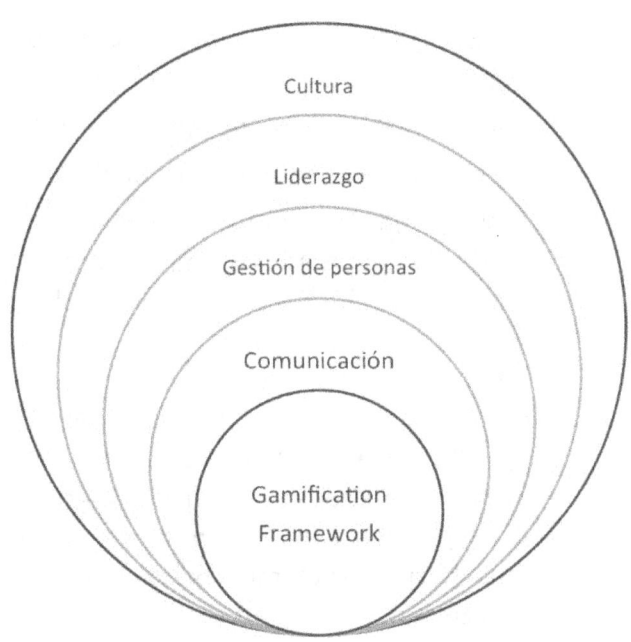

Otros modelos de trabajo

El valor de los framework es ser una guía en el proceso y como tal está en función de la utilidad que tiene para quién los utiliza. En este caso hemos utilizado y adaptado el modelo de Werbach por su **simplicidad y difusión**.

Sin embargo es interesante analizar otros autores como por ejemplo:

- Desde el punto de vista de gamificación interna, quizá sea el más especializado sea el Player Centered Desing Process de Janaki Kumar y Mario Herger que detallan en su libro Gamification at Work.

- Aaron Dignan en *Game Frame* propone un modelo de 9 pasos. 1. Actividad2. Perfiles de los jugadores3. Objetivos4. Habilidades 5. Resistencia 6. Recursos7. Habilidades (y ciclos de feedback)8. Resultados9. Juego-test-mejora.
- Otro de los modelos más interesantes nos lo presenta Yu-kai Chou en su web yukaichou.com y que ya mencionamos en el nivel 8. El lo denomina *Octalysis*, e incorpora una herramienta de análisis del grado de gamificación de un proceso antes y después.
- Sergio Jiménez nos ofrece algo más en su *Gamification Model Canvas* ya que dispone de una herramienta muy practica y lúdica para su utilización.

Lo recomendable es comparar varios para quedarse con el que más nos aporte. En cualquier caso, como he citado son estructuras de ayuda, facilitan el camino, pero al final dependerá del conocimiento, creatividad y trabajo del consultor o diseñador.

Conclusión:

Los videojuegos nos están dando una gran lección en cuanto a motivar y crear vinculación con las personas. En la actualidad, hay más de 1200 millones de usuarios de videojuegos en el mundo y la cifra va en aumento. Diversos estudios han demostrado que los videojuegos favorecen:

- La calidad y rapidez en la toma de decisiones

- El pensamiento más rápido y la precisión en la memoria.
- La coordinación mano-ojo
- La creatividad
- El aprendizaje

Por ello, las empresas en los últimos años han puesto atención en las enseñanzas que nos aportan. Gran cantidad de compañías del exclusivo ranking de Fortune 500 están usando videojuegos y gamificación para entrenar e implicar a sus empleados: Google, Microsoft, Cisco, Deloitte, Sun Microsystems, IBM, L'Oreal, Canon, Lexus, FedEx, UPS, Wells Fargo

No debemos quedarnos fuera y por eso animo a seguir el camino más allá de esta lectura, profundizando en la gamificación y las disciplinas complementarias que implica (psicología, diseño de juegos, usabilidad,...) para mejorar la experiencia de la vida en las empresas. Con procesos y tareas centradas en las personas. En las que, por fin, estas se encuentren vinculadas, motivadas y dispuestas a triunfar.

El objetivo es muy serio: sigamos aprendiendo del juego y de la diversión que aporta. Cambiemos el modo de ver el trabajo y mejoremos la forma ver la vida.

Desbloqueado: Caso 10

Descripción

Compañía líder mundial en alquiler de vehículos buscaba una forma de incentivar los resultados de su equipo de ventas corporativas de España.

Mediante la plataforma de gamificación de Compettia-ApeSoft se diseñó y puso en marcha un juego en el que el equipo compite por mejorar indicadores alineados a los objetivos de negocio: incrementar la venta, la captación de nuevos clientes, reducir los días de cobro y potenciar el uso del CRM.

Entre las más de 15 temáticas predefinidas de la plataforma, este juego usa la narrativa de "La carrera del Siglo", un símil de un campeonato de Fórmula I, dónde cada ejecutivo de cuentas es un piloto de Fórmula I que debe ganar con su coche en una serie de Campeonatos. Cada Campeonato dura un trimestre y forma una partida.

Adicionalmente, la plataforma de gamificación incorpora misiones y retos puntuales que duran de 1 a 2 meses y que impulsan aspectos de negocio operativos, como lanzamientos de productos, acciones tácticas...

La campaña de comunicación y onboarding, consistió en presentar el juego primero a los directivos, para que estuvieran alineados con el proyecto y posteriormente se presentó e invitó a participar al equipo comercial.

El programa de recompensas incluía gadgets de electrónica (discos HD multimedia, tablets,...). Se definieron en la primera partida hasta 17 premios entre metas volantes y retos con premio directo.

Para el futuro está prevista la incorporación de otros elementos como progreso del status, competiciones por equipos, y otras mecánicas de juegos que irán aumentando el compromiso y la vinculación.

Resultados

Aunque el proyecto es reciente, ya en la primera partida se han obtenido resultados tangibles en:

- La competición ha generado más interés por consultar las posiciones que ocupa cada jugador y por como progresa: más motivación y reconocimiento.
- El juego ha reducido de forma sensible los días de cobro. Ello significa más liquidez para la compañía, además de inculcar una mentalidad de preocupación por el cumplimiento de las condiciones de cobro.
- La primera partida ha impulsado la importancia del uso del CRM, orientando los jugadores hacia el pensamiento de que no sólo debo vender, sino también cumplir con procesos como los relacionados con el CRM.
- El éxito del proyecto está desencadenando otras iniciativas internas de "gamificar" otros colectivos y otros países.

¡GENIAL!

¡Lo conseguiste!.

Te has leído el libro. Ya sabes lo que es la gamificación y cómo aplicarla en la empresa.

Sigue adelante y comienza a practicar.

¡Comparte tu triunfo!　　　　y...Un regalo final

http://goo.gl/tsjZ9c　　　http://goo.gl/2CID5K

Si no tienes lector de códigos QR puedes usar el enlace

Bibliografía y recursos recomendados:

A continuación indico algunas referencias que han servido de apoyo para la realización de este libro y otros recursos que pueden ser de interés para los que quieran continuar conociendo sobre gamificación., Naturalmente la lista está en constante aumento y esta es una propuesta de inicio, siempre podréis seguir de google en adelante.

Ariely, Daniel. Las ventajas del deseo: Cómo sacar partido de la irracionalidad en nuestras relaciones personales y laborales, Ariel, 2011.

Ariely, Daniel. Las trampas del deseo, Cómo controlar los impulsos irracionales que nos llevan al error, Ariel, 2001.

Bartle, R. Hearts, Clubs, Diamonds, Spades: Players Who Suit MUDs. Journal of MUD Research 1, 1 1996.

Bateman, Chris & Boon, Richard 21st Century Game Design. Hingham, Charles River Media, 2006.

Csikszentmihalyi, Mihalyi. Fluir (flow): una psicología de la felicidad, DEBOLSILLO, 2008

Lazzaro Nicole, Why We Play Games: Four Keys to More Emotion Without Story, 2004.

Dignan Aaron, Game Frame: Using Games as a Strategy for Success. Free Press, 2011.

Aronson, Elliot, El animal social: introducción a la psicología social (8ª edición), Alianza editorial, 2000

Hunicke Robin, LeBlanc Marc and Zube Robert MDA: A Formal Approach to Game Design and Game Research [Conference] // Proceedings of the Challenges in Game AI Workshop, 19th National Conference on Artificial Intelligence (AAAI '04). - San Jose, CA : AAAI Press, 2004.

Kahneman, Daniel, Pensar Rápido, Pensar Despacio, Editorial Debate, 2011.

Kumar, Janaki Mythily and Herger, Mario (2013): Gamification at Work: Designing Engaging Business Software. Aarhus, Denmark, The Interaction Design Foundation

Marín, Inma, Hierro, Esther, Gamificación. El poder del juego en la gestión empresarial y la conexión con los clientes, Ediciones Empresa Activa, 2013.

McGonigal, Jane. Reality Is Broken: Why Games Make Us Better and How They Can Change the World by,2010.

Mollick, Ethan, Rothbard, Nancy, Mandatory Fun: Gamification and the Impact of Games at Work, Management Department, The Wharton School University of Pennsylvania, June 5, 2013

Sebastian Deterding. Dan Dixon, Rilla Khaled, Lennart Nacke From Game Design Elements to Gamefulness: Defining "Gamification", 2011.

Schein, Edgar H. Organizational Culture and Leadership, Jossey-Bass Management Series, 1996.

Schell, Jesse. The Art of Game Design: A book of lenses. 2008

Werbach, Kevin, Hunter Dan, For the Win: How Game Thinking Can Revolutionize Your Business, Wharton Digital Press, 2012.

Zichermann, Gabe & Cunningham, Christopher (2011). Gamification by Design: Implementing Game Mechanics in Web and Mobile Apps

Blogs y recursos online:

Inglés:

http://www.enterprise-gamification.com/index.php?lang=en
Bart Stewart Personality And Play Styles: A Unified Model - http://www.gamasutra.com/view/feature/6474/personality_and_play_styles_a_.php?print=1
http://www.slideshare.net/amyjokim/gamification-101-design-the-player-journey
http://www.gameonlab.com/
http://www.gamification.co
http://gamification-research.org
http://www.gamifeye.com/
http://www.yukaichou.com/

Español

http://automotivacion.wordpress.com/2011/12/08/automotivacion-y-recompensas-una-mirada-a-la-motivacion-intrinseca/
http://blog.compettia.com
http://www.gamificacion.com/
http://www.gamkt.com/
http://blog.gamifica.me/
http://hrgamer.blogspot.com.es/
http://www.immamarin.com/
http://www.wonnova.com/blog/
http://www.valera-mariscal.com/blog

Comparte y sigue en el juego

Con este código puedes acceder al grupo de Linkedin: Gamificación y Recursos Humanos:

http://goo.gl/0aZxXL

Finalmente, has conseguido todas estas medallas:

www.ingramcontent.com/pod-product-compliance
Lightning Source LLC
Chambersburg PA
CBHW051645170526
45167CB00001B/346